Die Monate des Jahres ☞ 4–6

1. Schreibe die zwölf Monatsnamen in der richtigen Reihenfolge auf:

1. ____________ 2. ____________ 3. ____________ 4. ____________

5. ____________ 6. ____________ 7. ____________ 8. ____________

9. ____________ 10. ____________ 11. ____________

12. ____________

2. Trage die Monatsnamen ein.

Ä = AE

Die Buchstaben in den Kästchen 1–8 ergeben das Lösungswort

1	2	3	4	5	6	7	8

Leben in Gruppen

☞ 7–9

Ein Schüler hat die Gruppe der Musiker so beschrieben:
Zu der Gruppe gehören vier Musiker. Die vier jungen Männer treffen sich regelmäßig, weil sie gerne zusammen Musik spielen. Sie üben in einem Kellerraum und treten sonntags in Jugenddiscos auf. Sie überlegen gemeinsam, welche Stücke sie einüben und welche Instrumente und Verstärker sie kaufen.
Der Schlagzeuger hat schon in einer anderen Band gespielt und dabei viele Erfahrungen gesammelt. Er ist deshalb für die Planung der Auftritte (Ort, Gage) zuständig.

1. In dieser Beschreibung stehen viele Einzelheiten. Nenne einige!

____

____

____

____

____

____

2. Beschreibe eine andere Gruppe (Familie, Fußballmannschaft . . .).

____

____

____

____

____

____

____

3. Stelle Regeln für das Zusammenleben in der Schule auf.

Denke an: Stundenbeginn, Beteiligung am Unterricht, Verhalten, Hausaufgaben . . .

1. ______________________________
2. ______________________________
3. ______________________________
4. ______________________________
5. ______________________________
6. ______________________________
7. ______________________________

Konflikte und Lösungen

1. Ergänze die Sätze zu den Bildern.
Die fehlenden Wörter stehen in den Kästen.

A

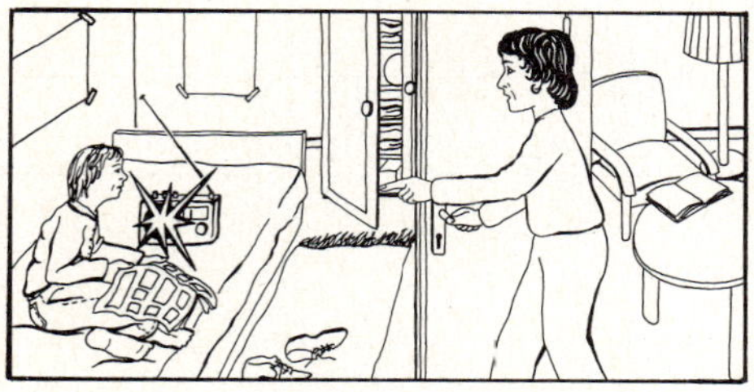

Radio	ausruhen
gestört	bittet
Zimmer	streitet
sehr laut	leiser

Jörg ist allein in seinem ________________.

Er hat sein ____________ ____________ gestellt. Seine Mutter will sich ________________. Sie fühlt sich durch die laute Musik ________________. Sie ____________ Jörg, das Radio ____________ zu stellen. Jörg wird wütend und ____________ mit seiner Mutter.

2. Schreibe auf, wie der Konflikt zu vermeiden ist.

Jörg könnte ________________________

____

____

B

Gäste	getanzt
eingeladen	beschweren
Nachbarn	Lärm

Familie Lehmann hat Freunde ____________-____________. Die ____________ sind in ausgelassener Stimmung. Es wird viel gelacht und ____________. Die ____________-____________ können bei dem ____________ ihr eigenes Wort nicht verstehen. Sie klingeln an der Wohnungstür und ________________ sich.

3. Schreibe auf, wie der Konflikt zu vermeiden ist.

____

____

____

____

____

C

4. Schreibe eine Geschichte zu dem dritten Bild.

____

____

____

____

Wir informieren uns 14

1. Ergänze die beiden folgenden Aufstellungen:
A. Worüber wir informiert sein wollen:

Abfahrtszeit des Busses, Beginn der Sommerferien, Erfindung des

B. Wie wir uns informieren können:

Fahrpläne anschauen, Zeitungen lesen, Lehrer fragen

2. Die beiden Aufstellungen kannst du auch in einer Tabelle zusammenfassen . . .

Ich suche Informationen über:	

3. Schreibe auf, was die Familie anderen Leuten mitteilen könnte und welche Möglichkeiten sie hat.

Mitteilung	Möglichkeiten

Briefe und Anzeigen 15

1. Beschrifte den Briefumschlag.

Absender ist Ingo Müller. Er wohnt in Bonn (Postleitzahl 5300) in der Beethovengasse 21.
Der Empfänger heißt Jörg Lehmann. Er wohnt in Köln (Postleitzahl 5000) in der Burgstr. 15.

Absender:

2. Klebe eine Geburtsanzeige ein.

3. Schreibe deine eigene Geburtsanzeige auf.

Zeitungen

☞ 16, 17

Schreibe aus einer Tageszeitung Überschriften ab, die zu den Themen Politik, Wirtschaft, Kultur und Sport passen.

Thema: Politik

Thema: Wirtschaft

Thema: Kultur

Thema: Sport

1. **Schreibe aus dem Fernsehprogramm der nächsten Woche die Sendungen heraus, für die du dich besonders interessierst.**
(Schreibe für jeden Tag nur eine Sendung auf.)

Tag	Zeit	Programm	Titel der Sendung

2. **Schreib eine Kritik über eine Sendung, die du gesehen hast.** (Wenn alle Schüler der Klasse die gleiche Sendung sehen, könnt ihr die Kritiken vergleichen.)
Trage ein und kreuze an.

Tag	Zeit	Programm	Titel der Sendung

Die Sendung hat mir gefallen: ☐ Ja ☐ Nein

Begründung:

Werbung

1981 wurde in zwei Illustrierten mit folgenden Worten für Zigaretten geworben:

Gut gelaunt genießen. Aktiv leben. Vergnügt genießen. Die Frische genießen. Genuß im Stil der Zeit. Kraft und Würze genießen. ... den Augenblick genießen.	Wo guter Geschmack zu Hause ist. Der große Geschmack. Die große Frische. Der Geschmack von Freiheit und Abenteuer. Der Weg lohnt sich.

1. Suche aus neuen Illustrierten weitere Werbesprüche für Zigaretten. ______

______

______

______

2. Schreibe die häufigsten Wörter auf: ______

______

Auch die Bilder einer Anzeige werben für das Produkt. Wichtig ist dabei die Darstellung der Menschen.

3. Beschreibe eine Anzeigenseite.

Was machen die Menschen? ______
Wie sehen die Menschen aus? ______
(Gesicht, Kleidung, Alter)
Wo befinden sich die Menschen? ______
Was haben/benutzen sie? ______

Mit den Texten und Bildern erweckt die Werbung den Eindruck, daß sich die Wünsche des Käufers erfüllen, wenn er das Produkt kauft.

4. Suche in Zeitungen nach Werbeanzeigen und ergänze die Beispiele:

Wünsche des Käufers	Text und Bild der Anzeige
Freiheit besitzen	Text: *Der Geschmack von Freiheit*
	Bild: *Menschen beim Segeln*
Modern sein	Text:
	Bild:
Abenteuer erleben	
Erfolg haben	

Preise für Lebensmittel ☞ 21, 23

1. Stelle die Preise für Lebensmittel in verschiedenen Geschäften fest.
Achte dabei auf: Gleiche Menge, gleiche Größe.

2. Wiederhole die Untersuchung nach zwei oder drei Monaten und vergleiche.

Bezeichnung und Menge der Ware	Geschäft 1		Geschäft 2		Geschäft 3	
	am:	am:	am:	am:	am:	am:
Graubrot, $^1/_2$ Kilo						
Weißbrot, $^1/_2$ Kilo						
Eier, 6 Stück						
Butter, 1 Kilo						
Margarine, $^1/_2$ Kilo						
Milch, 1 Liter						
Tilsiter Käse, 100 Gramm						
Äpfel, 1 Kilo						
Bananen, 1 Kilo						
Koteletts, 1 Kilo						
Salamiwurst, 100 Gramm						
Mettwurst, 100 Gramm						
Ölsardinen, 1 Dose						
Thunfisch, 1 Dose						
Lachs, 100 Gramm						
Salatgurke, 1 Stück						
Kartoffeln, $2^1/_2$ Kilo						
Mehl, 1 Kilo						
Spaghetti, $^1/_2$ Kilo						
Reis, $^1/_2$ Kilo						
Zucker, 1 Kilo						
Salz, $^1/_2$ Kilo						
Zahnpasta, 1 Tube						
Schokolade, 1 Tafel						

Ein Mammut wird erlegt

Die Männer der ________ haben ein großes Erdloch ____________ und mit ________ und Zweigen ___________. Ein Mammut ist in diese ________ eingebrochen. Vorsichtig __________ sich die ____________. Mit Steinen und ____________ ____________ sie das gefangene Tier.

gegraben	Horde
bedeckt	Jäger
töten	Ästen
nähern	Falle
	Speeren

Sammeln

Einige Mitglieder der __________ sind in den Wald ____________, um Nahrungsmittel zu ____________. Einige ____________ Beeren von Sträuchern, andere ____________ Eier aus __________. In Körben ____________ sie die wertvollen ________________ zur __________.

sammeln	Lebensmittel
pflücken	Höhle
gegangen	Nestern
tragen	Horde
nehmen	

Pferdejagd

Nach tagelanger __________ haben die __________ Pferde entdeckt. Immer wieder haben sie die Tiere durch ____________ und mit Steinwürfen ________________ und ____________. Schließlich haben sie ein einzelnes Tier auf einen Felsen ____________. Das ____________ Tier wird auf seiner __________ den Felsen hinabstürzen und eine __________ der Jäger werden.

Schreien	Jäger
gehetzt	Suche
aufgescheucht	erschöpfte
getrieben	Beute
	Flucht

Vor der Höhle

Ein Hordenmitglied muß das Feuer ____________, ein anderes ____________ Brennholz. Ein älterer Mann __________ Fleischreste von einem ________. Ein Mann ______________ einen Stein, um einen __________ oder eine Klinge ______________. In einem Tierschädel wird Feuer in die Höhle ____________. Eine Frau __________ ihr Kind.

bringt	
bewachen	
herzustellen	Fell
schabt	Meißel
bearbeitet	
stillt	
gebracht	

Ackerbauern und Viehhalter

☞ 28, 29

Beschreibe die Tätigkeiten der Ackerbauern und Viehhalter.

bauen	Häuser
schützen	Schilf
stellen	Zaun
flechten	Lehm
verschmieren	
decken	

<u>Wohnen</u>

Die Menschen leben nicht mehr in Höhlen.
Sie __________ fensterlose __________ aus Holz.
Zwischen die Baumstämme __________ sie Zweige. Später __________ sie die Zwischenräume mit __________.
Die Dächer __________ sie mit __________.
Sie __________ mehrere Häuser zusammen. Sie __________ die Siedlung durch einen __________.

ziehen	Getreide
bewachen	Haustiere
pflanzen	Pflüge
roden	
fangen	
zähmen	
setzen	

<u>Ernähren</u>

Die Menschen __________ und __________ wilde Tiere. Sie leben von den Produkten der __________-__________. Andere Tiere __________ sie zur Arbeit ein. Hunde __________ ihre Schafe und Ziegen. Rinder __________ ihre __________. Sie __________ Wälder und __________ auf den Feldern __________ an.

zermahlen	Braten
aufbewahren	Kochen
herstellen	Lehm
spinnen	Mehl
backen	Wolle
bauen	
wärmen	

<u>Im Haus</u>

Die Menschen stellen aus __________ Töpfe her, in denen sie ihre Vorräte __________. Sie __________-__________ Getreidekörner zu __________ und __________ Brot. Aus der __________ der Schafe __________ sie Garn, mit dem sie auf Webstühlen Kleider __________. Sie __________ Öfen zum Backen, __________ und __________ und um ihre Häuser zu erhellen und zu __________.

Veränderungen ☞ 31

1. Beschreibe die Bilder. Achte auf Veränderungen.

Jäger und Sammler

Die Menschen wohnen in

______________, später

in ____________.

Sie ____________ Beeren

und Früchte und ________
wilde Tiere.
Die Menschen sind un-
bekleidet oder tragen

____________.

Ihre Vorräte ____________
sie in der Erde oder
trocknen sie an der

__________.

Ackerbauern und Vieh-
halter

Die Menschen __________

in ____________ in
kleinen Siedlungen.

Sie pflanzen ____________
und Früchte an und

____________ Haustiere.

Die Menschen __________
sich Kleider aus

____________.

Ihre Vorräte ____________

sie in ______________
auf.

Die Menschen __________
Waren gegen Waren.

Heute

____

____

Viele arbeiten

in ____________________
und in der Verwaltung.
Die Bekleidung wird mit

____

hergestellt.

Verderbliche Lebensmittel
können in

____

aufbewahrt werden.
Die Menschen handeln

mit __________ und be-

zahlen mit ____________.

2. Beschreibe weitere Veränderungen.

	Früher	Heute
Zusammenleben	Horde	Familie
Lebensmittel		
Werkzeug		
Energie		

Zeichen (Symbole) auf Landkarten ☞ 34

1. Ordne die Wörter den Zeichen zu.

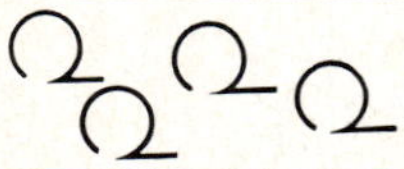		
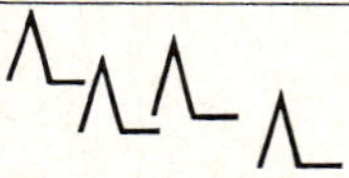		Kreuzung
		Nadelwald
		Weg
		Eisenbahn
		Straße
		Bach
		Schöne Aussicht
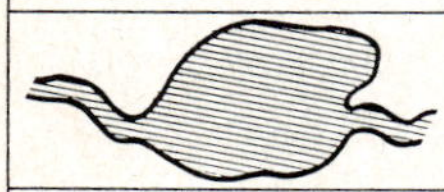		Teich
		Laubwald
		Autobahn
		Kanal
		Paß
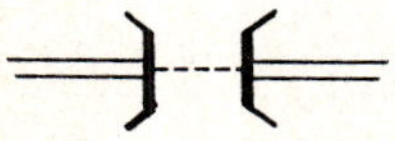		Tunnel
		Staudamm
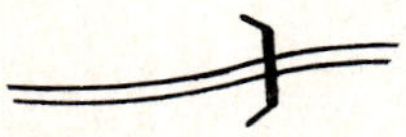		Flughafen
		Entwässerungsgräben
		Deich

2. Suche weitere Zeichen (Symbole) im Atlas und vergleiche.

Entstehung des Ruhrgebietes

☞ 38–43

1. Schreibe eine Geschichte über die Entstehung des Ruhrgebietes.

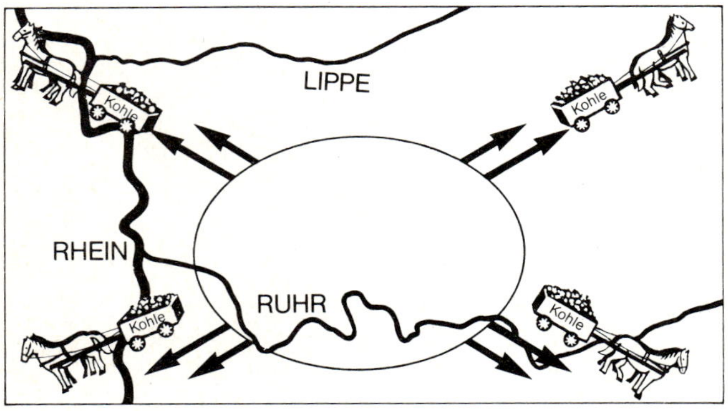

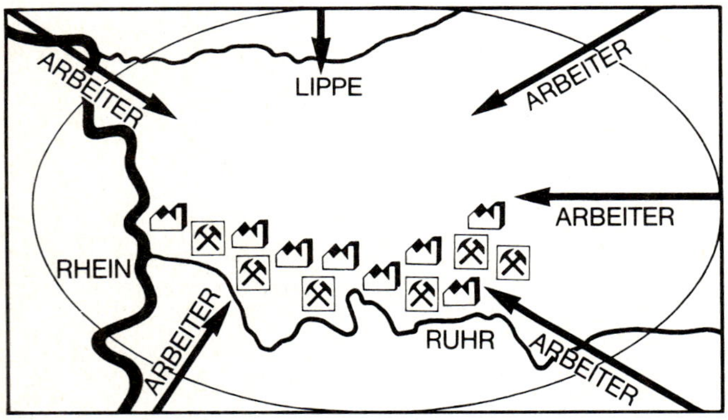

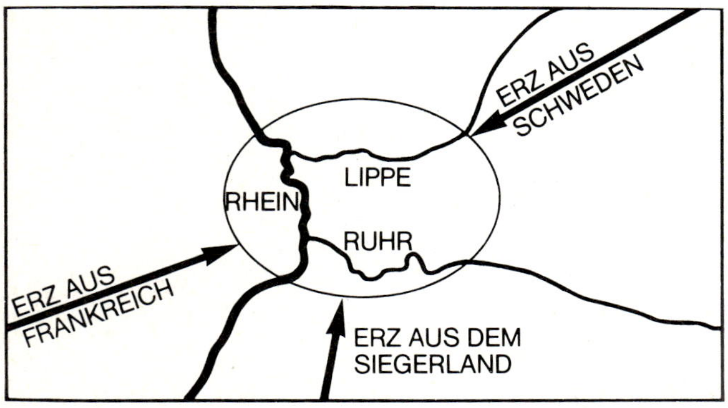

Das Ruhrgebiet

An den Hängen der

Städte im Ruhrgebiet ☞ 43

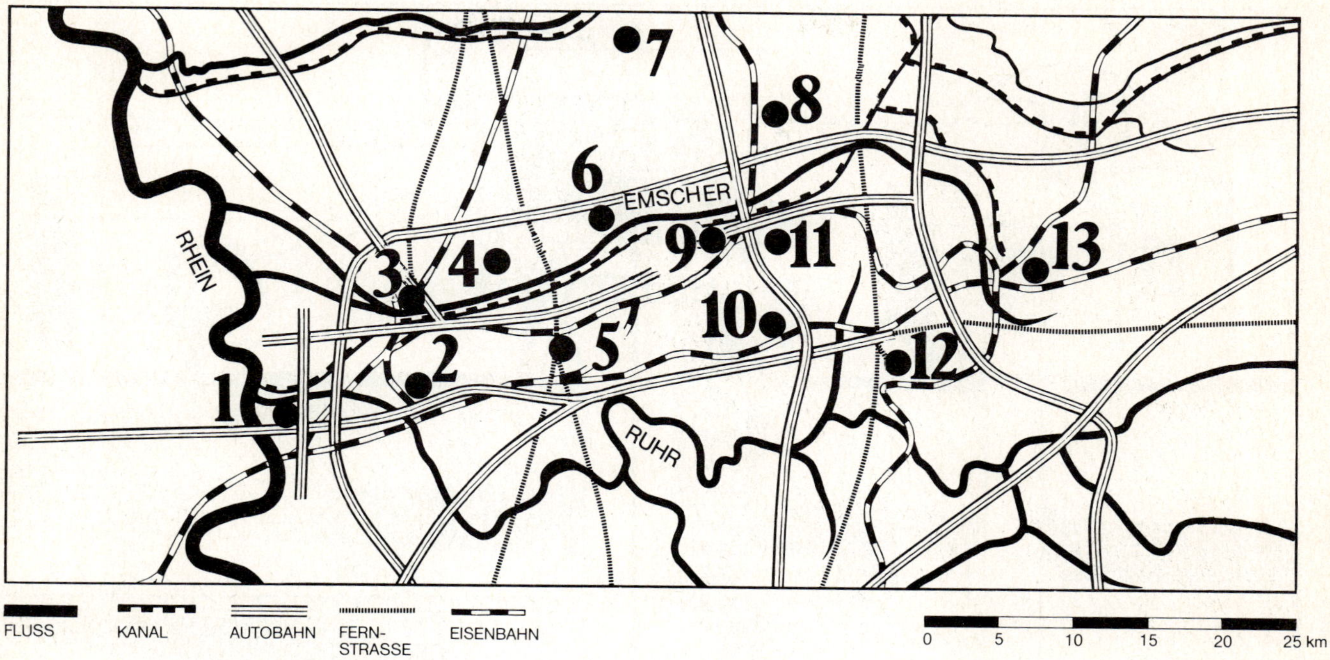

1. Suche die Städte im Atlas.
Trage ihre Namen ein.

1 ____________________

2 ____________________

3 ____________________

4 ____________________

5 ____________________

6 ____________________

7 ____________________

8 ____________________

9 ____________________

10 ____________________

11 ____________________

12 ____________________

13 ____________________

2. Unterstreiche die Städte an der Ruhr rot, die an der Lippe blau.

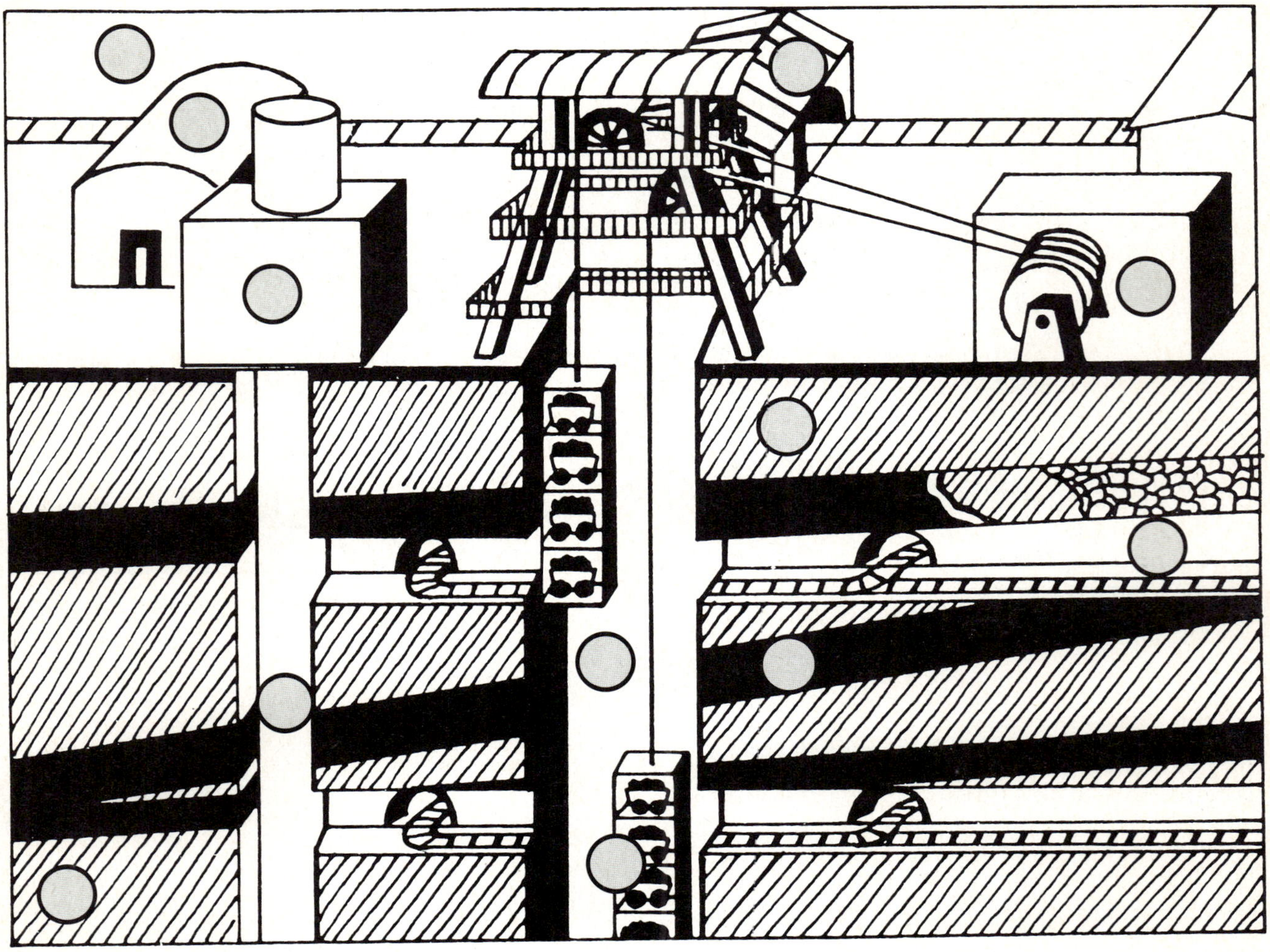

1. Trage die Nummern in die Zeichnung ein!

1 über Tage	5 Wetterschacht	9 Ventilator
2 unter Tage	6 Deckgebirge	10 Kohlenwäsche
3 Sohle	7 Flöz	11 Füllort
4 Förderschacht	8 Maschinenhaus	12 Förderkorb

2. Im Bergwerk: Werkzeuge, Transport, Tätigkeiten

früher	heute

Im Bergwerk

44–47

In einem Bergwerk wird vieles geleitet

was	womit
Wasser	Rohre, Schläuche, ...
Information	Telefon, ...

Menschen, Informationen, Telefon, Kabel, Wasser, Rohre, Züge, Druckluft, Maschinen, Strom, Pumpen, Förderkorb, Kohle, Saugpumpen, Gestein, Rohre, Strom, Druckluft, Schächte, Kamera, Schläuche, Bildschirm, Förderband, verbrauchte Luft, Funk, Abraum, Loren, Schienen, ____________, ____________, ____________,

1. Male die Bilder von der Entstehung der Kohle bunt.
Vergleiche mit S. 48 im Arbeitsbuch.

2. Schreibe eine Geschichte, wie die Steinkohle entstanden ist.
Benutze die folgenden Wörter:

1. 250 Millionen – riesige Wälder – mächtige Bäume – Sumpfgebiet
2. Unwetter – alte Bäume – im Schlamm versinken – überfluten
3. Sand- und Tonschichten – nicht verfaulen – Torf – Braunkohle – Steinkohle

Wie die

Vor

Verhüttung und Walzwerk ☞ 50, 51

Setze die richtigen Wörter in den Text ein. Du findest sie auf den Seiten 50 und 51.

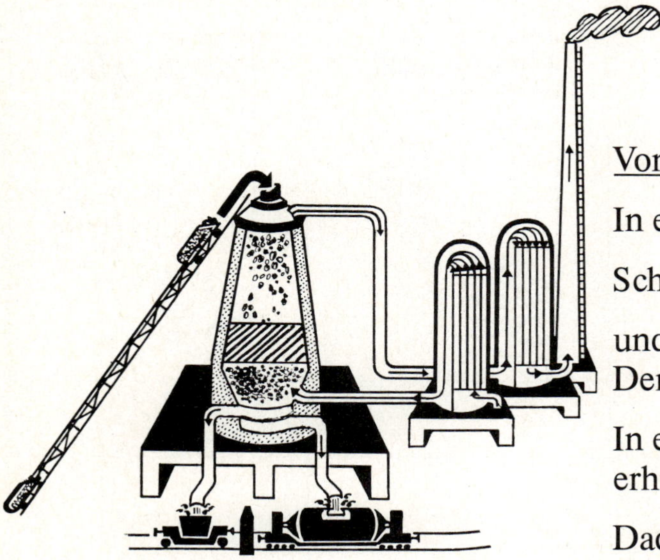

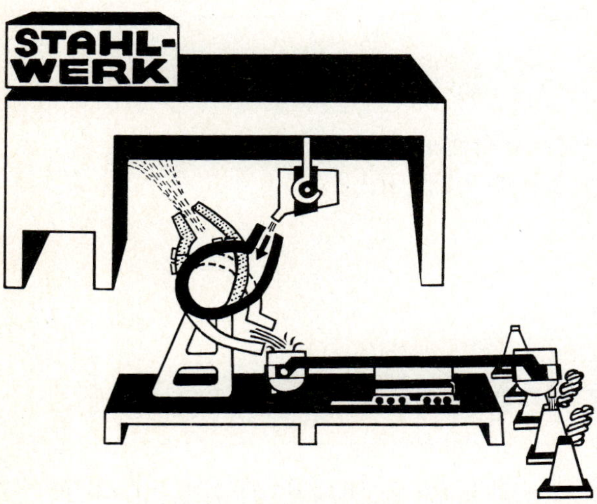

Vom Erz zum Stahl

In einer Hochofenanlage werden über einen Schrägaufzug ____________, ____________ und ____________ nach oben befördert. Der Ofen wird also von oben „beschickt“.

In einem ____________ wird kalte Luft erhitzt und sofort in die Glut geblasen.

Dadurch werden sehr hohe ____________ erreicht, die zum Schmelzen von ____________ notwendig sind. Das noch flüssige ____________ wird in ein ____________ transportiert.

Hier wird es in Stahltöpfen oder ____________ noch einmal so stark erhitzt, daß noch störende Teile verbrannt werden. Erst jetzt ist aus dem brüchigen ____________ harter ____________ geworden. Diesen Stahl kann man ____________.

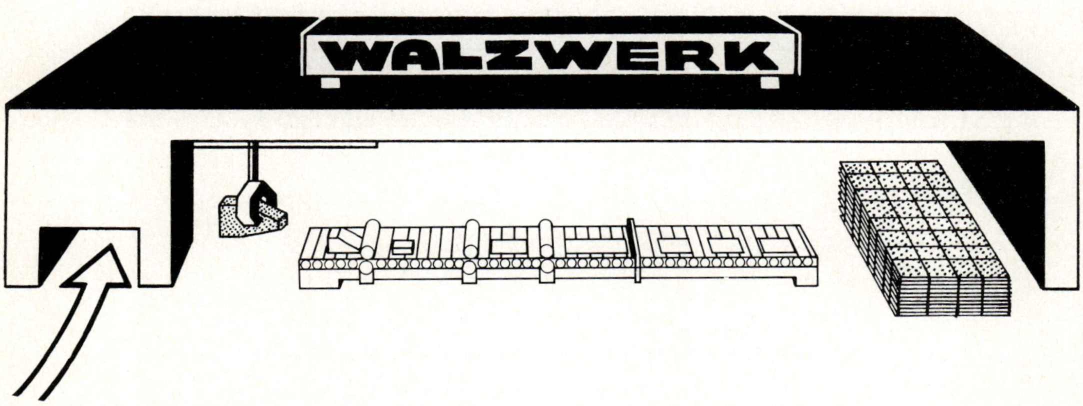

Die noch glühenden ____________ werden im ____________ zwischen mächtigen Walzen ________________________. So können in mehreren Arbeitsgängen ____________, ____________ und ____________ entstehen. Daraus werden dann die verschiedenen Produkte hergestellt.

Rost und Rostschutz ☞ 53

1. Führe den Versuch zuerst mit Eisennägeln durch.

	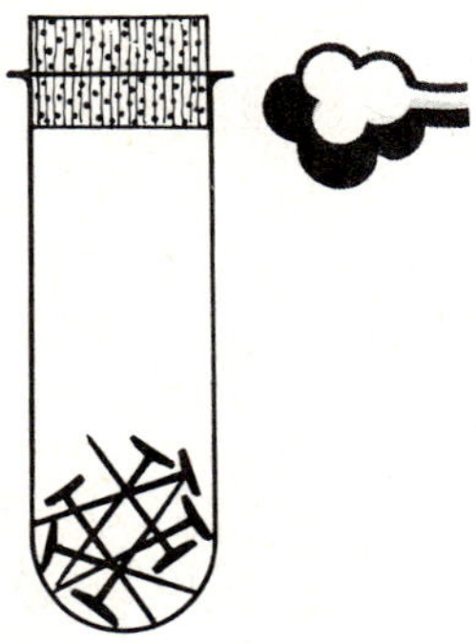	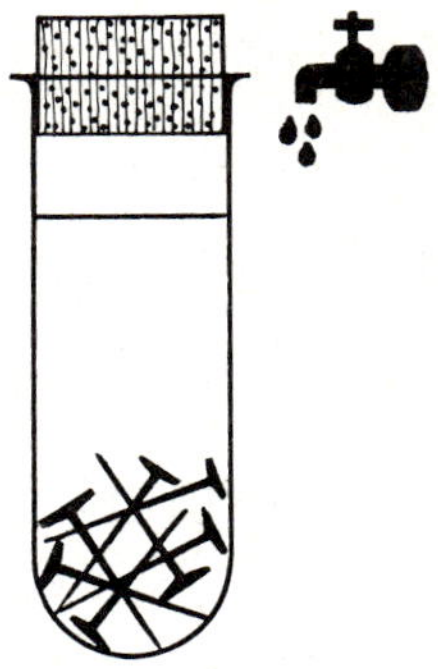		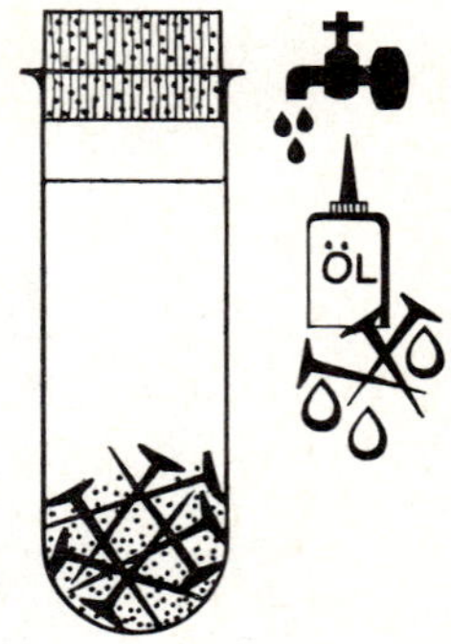
1.				
2.				
3.				
4.				

Trage die Zeiten (Stunden, Tage) ein, wann sich der erste Rost zeigt!
1. Eisennägel 2. verzinkte Nägel 3. Stahlwolle 4. Kupferschraube

<u>Rostschutz</u>

2. Welchen Rostschutz besitzen folgende Gegenstände? Trage in die Tabelle ein.

Fahrradkette - Fahrradlenker - Fahrradrahmen - Kochtopf - Maschendraht - Wanne

verchromt			
verzinkt			
lackiert			
emailliert			
geölt/gefettet			
mit Kunststoff überzogen			

3. Untersuche weitere Gegenstände: Autoblech - Autoantenne - Unterboden - Herd - Kühlschrank - Spülmaschine

☞ 56, 57

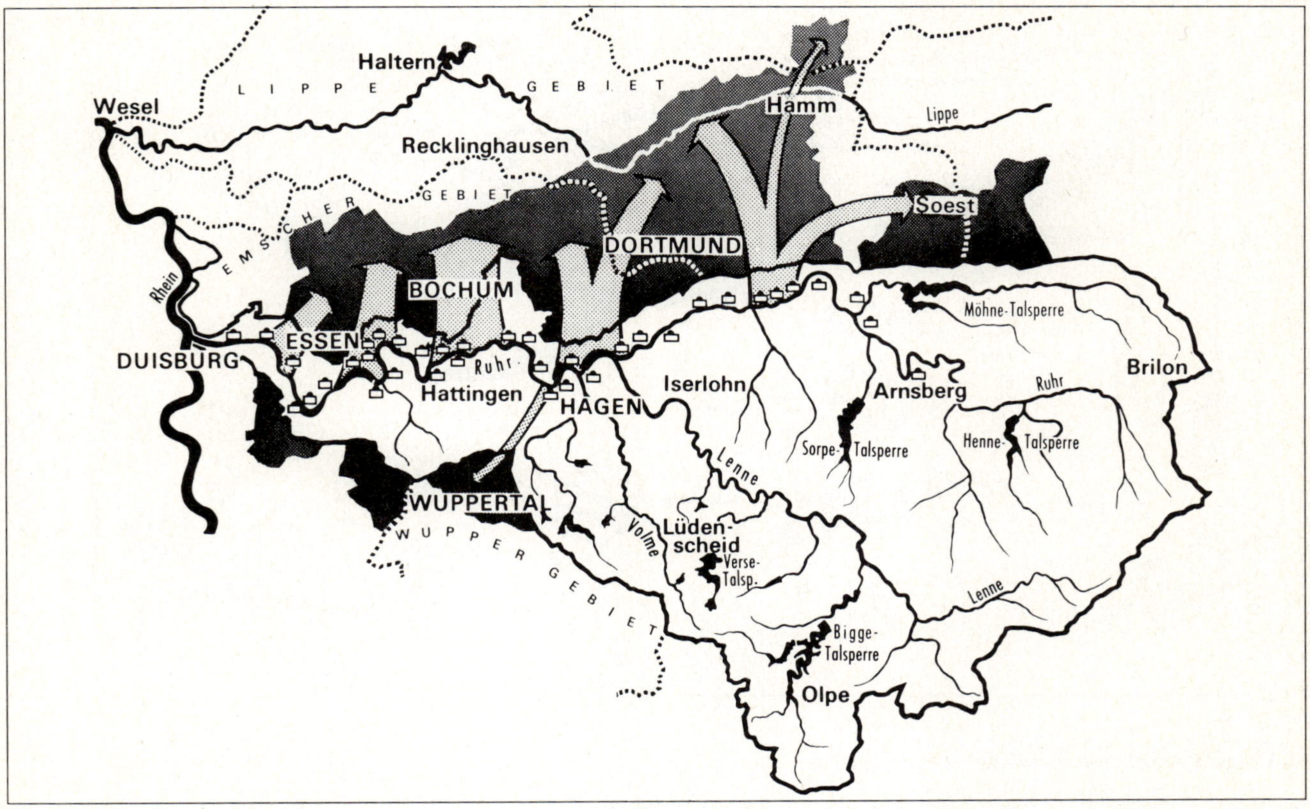

Die Ruhr liefert das Wasser für viele Millionen Menschen und viele tausende Fabriken. Für diese wichtige Aufgabe braucht der Fluß das ganze Jahr über gleichmäßig viel Wasser.

1. Woher kommt das Wasser?
(Wenn du die Karte mit einer Atlaskarte vergleichst, kannst du darüber noch mehr erfahren . . .)

2. Zeichne hier eine Staumauer ein.
Lies auf Seite 56 nach, wo sie stehen muß.

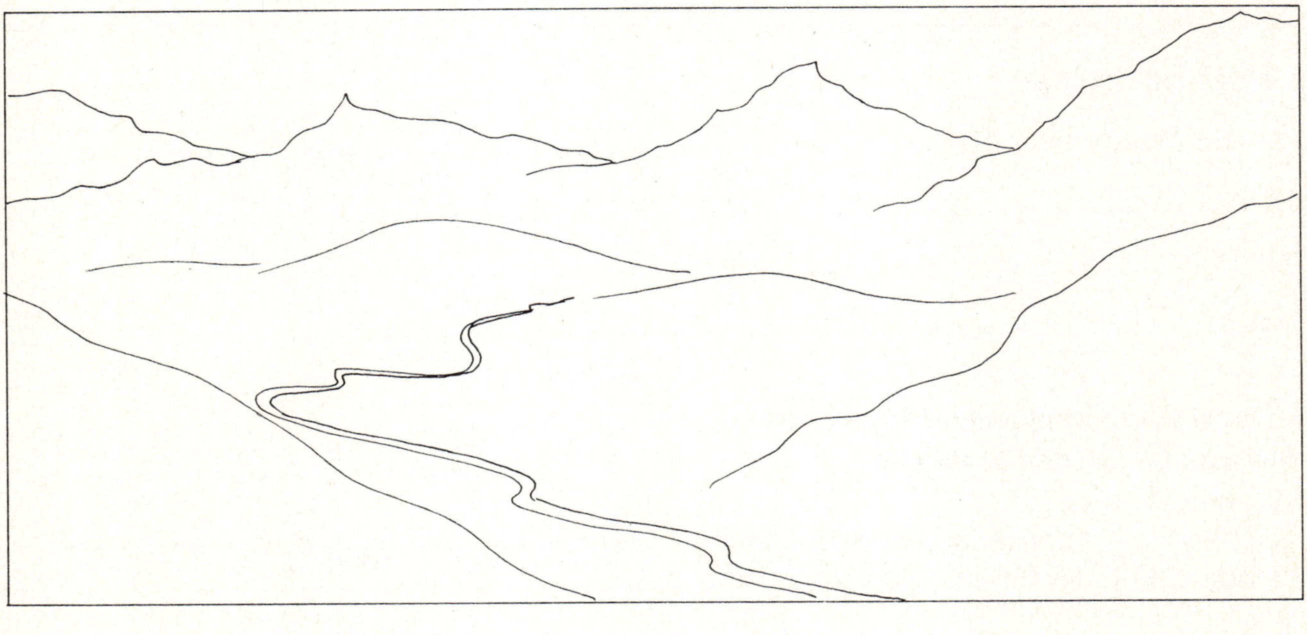

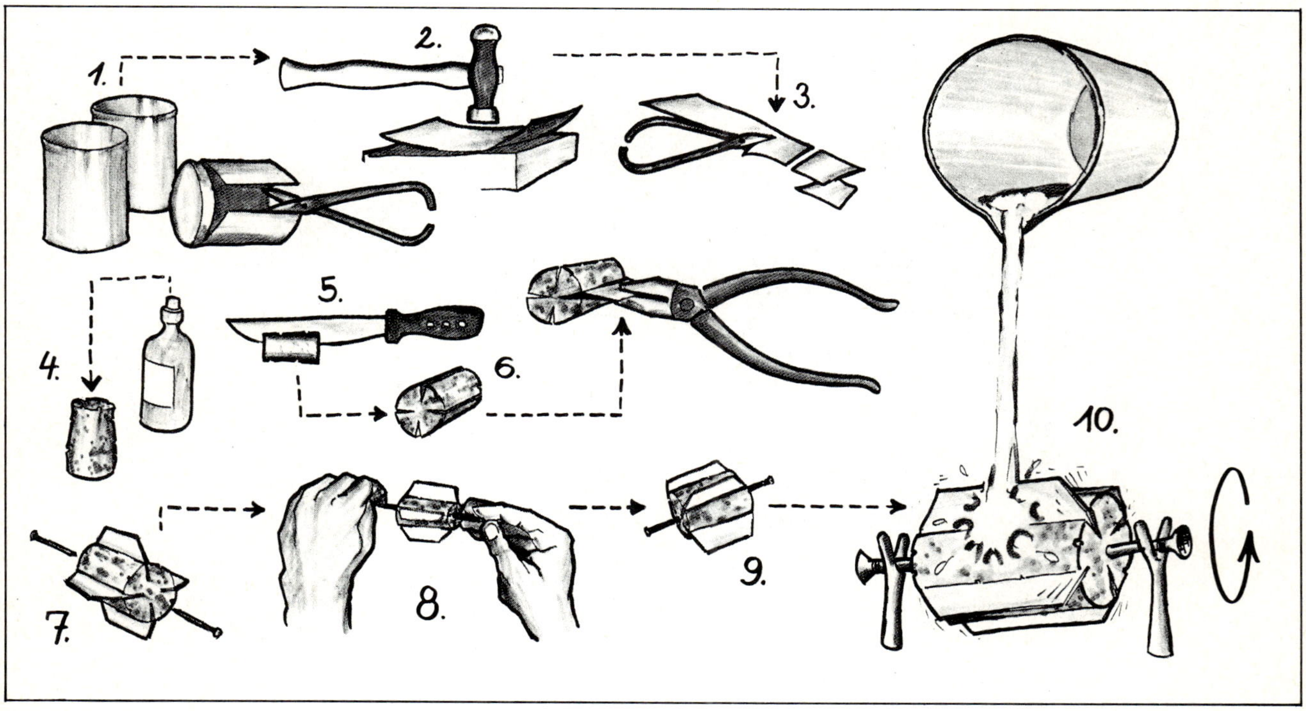

1. Beschreibe die Tätigkeiten 1 bis 10.

1	6
2	7
3	8
4	9
5	10

2. Fülle den Text aus!

Je mehr Wasser über das ____________________

desto ____________________ dreht ____________________

Je weniger ____________________

desto ____________________

3. Denkt euch hierfür einen Versuch aus:
Wasserdampf treibt das Rad an.
Ihr braucht dazu:
Kochflasche – einfach durchbohrter Stopfen – rechtwinklig gebogenes Rohr – Kerze oder Brenner – Ständer für die Flasche.

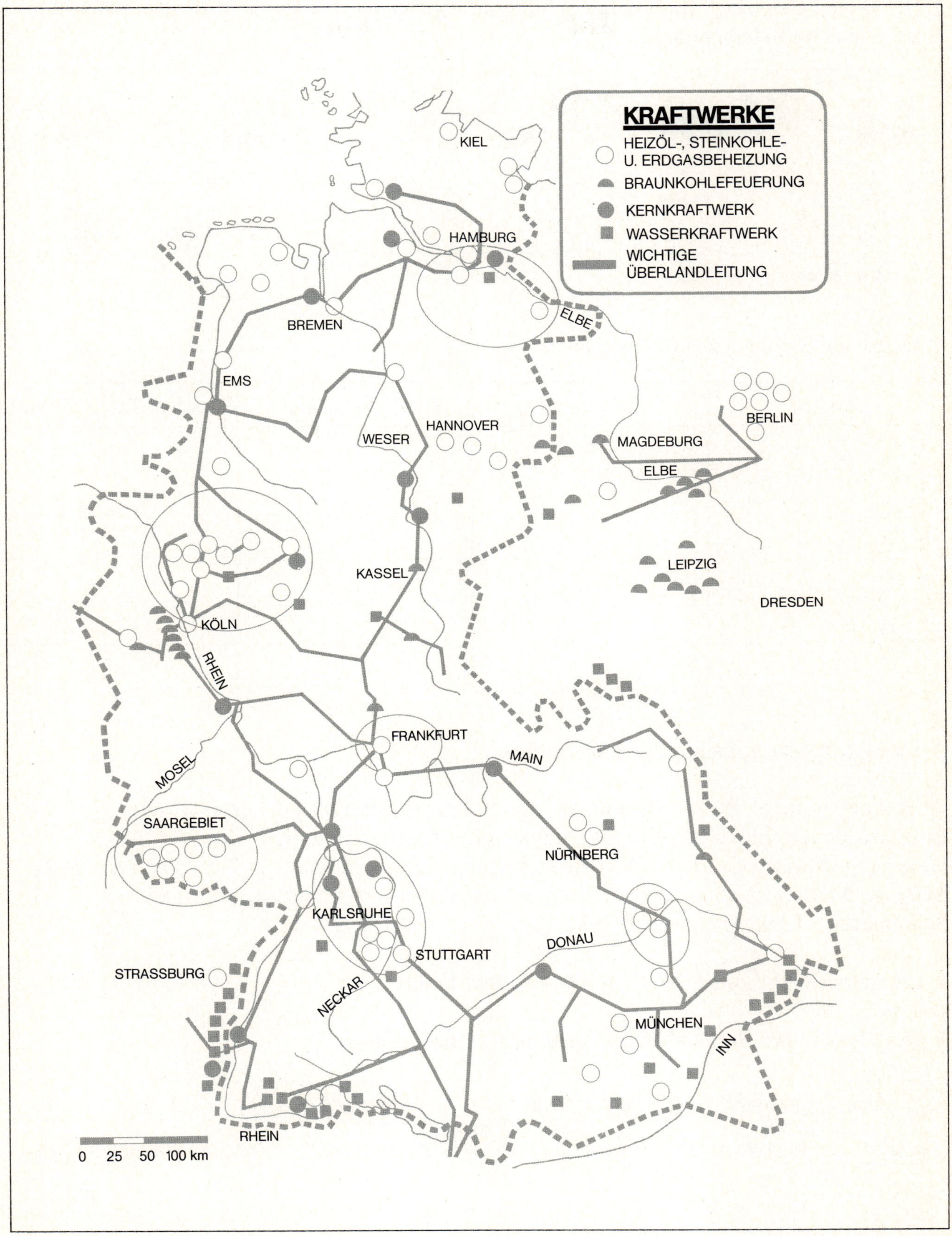

1. Male aus: Flüsse: blau, Ballungsgebiete: rot, Mittelgebirge: braun
2. Kennzeichne die Wasserkraftwerke!

Berufe früher – heute

1. Die obere Leiste zeigt wie Menschen früher arbeiteten, die untere wie heute gearbeitet wird. Begründe diese Behauptung!

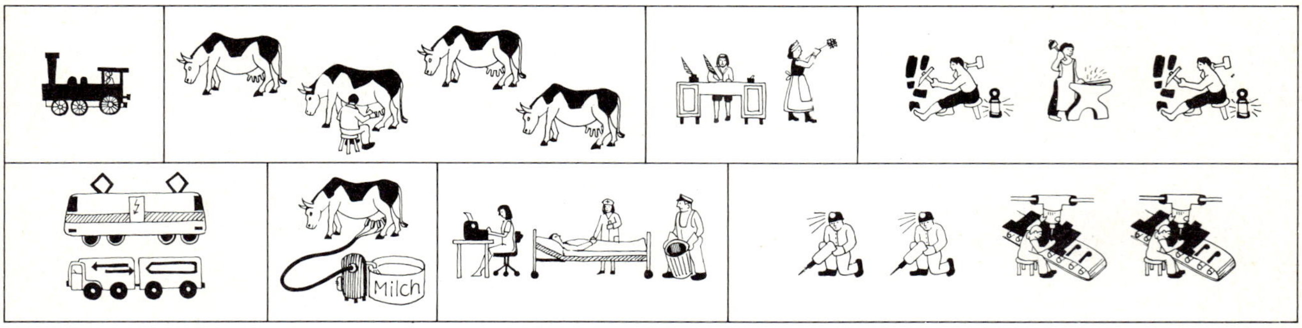

2. Ordne die Berufe nach den Bereichen:

Verkehr	Landwirtschaft	Dienstleistungen	Handwerk/Herstellung

3. Setz die Tabelle auf einem Arbeitsblatt fort.

Arzt, Augenoptiker, Bäcker, Bergmann, Bauer, Bürogehilfin, Dachdecker, Drucker, Dienstmädchen, Elektriker, Fischer, Flugzeugmechaniker, Fotograf, Gärtner, Heizungstechniker, Journalist, Karosseriebauer, Kraftfahrer, Krankenschwester, Landwirt, Matrose, Maurer, Mechaniker, Müllmann, Melker, Polizist, Schlosser, Schmied, Segelmacher, Tankwart, Techniker, Verkäufer . . .

4. Unterstreiche die „modernen“ Berufe mit einer Farbe.

5. Vergleiche in der Grafik oben die Anteile der Berufsgruppen.

Im Verkehrsbereich arbeiten heute ________ Menschen als früher.

Früher arbeiteten viele Menschen in der Landwirtschaft, heute sind es weniger.

Verkehrszeichen ☞ 66–73

Alle Verkehrszeichen haben eine Bedeutung.

Einbahnstraße
Rechts
Radfahrer
Vorfahrtstraße
Halt! Vorfahrt gewähren
Verbot der Einfahrt
Fußgänger

Baustelle
Kinder
Kreuzung oder Einmündung mit Vorfahrt rechts
geradeaus und rechts
Gefahrenstelle

Vorfahrt
Verbot für Fahrzeuge aller Art
Fußgängerüberweg
Vorfahrt gewähren
nur rechts
Verengte Fahrbahn

Ordne richtig zu. Male die Verkehrszeichen aus.

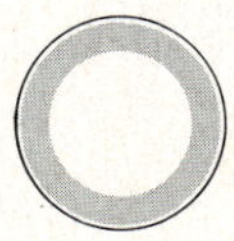

Verkehrszeichen

☞ 66–73

Diese Verkehrszeichen findest du auf den Seiten 66–73.

1. Suche sie und trage die Seitenzahl ein

2. Was bedeuten diese Verkehrszeichen für dich, wenn du mit dem Fahrrad fährst?

Kreuze die richtige Antwort an! ☒ ☐

☐ Hier dürfen nur Kinder gehen.

☐ Hier muß ich besonders auf Kinder achten.

☐ Hier endet die Fahrbahn.

☐ Die Fahrbahn wird eng.

☐ An der nächsten Kreuzung muß ich anhalten.

☐ Stop! Einfahrt verboten!

☐ Hier muß ich besonders auf Erwachsene achten.

☐ An dieser Stelle überqueren Fußgänger die Fahrbahn.

☐ Baustelle – aufpassen!

☐ Baustelle – Durchfahrt verboten!

☐ Spielstraße! – Anlieger frei!

☐ Einfahrt in diese Straßenrichtung verboten!

☐ Bald kommt eine Kreuzung, da muß ich besonders aufpassen.

☐ Ich muß auf die andere Straßenseite fahren.

☐ Diese Straße darf nur in dieser Richtung befahren werden.

☐ Wegweiser zum Bahnhof.

☐ An der nächsten Kreuzung habe ich die Vorfahrt.

☐ Hier darf man nur geradeaus gehen.

☐ Ich muß eine Umleitung fahren.

☐ Hier darf ich nicht nach links abbiegen.

☐ An der nächsten Kreuzung muß ich anhalten.

☐ Hier haben die Fahrzeuge, die von rechts und links kommen, die Vorfahrt.

☐ Hier dürfen nur Fußgänger gehen.

☐ Hier geht es zum Kindergarten!

☐ Ich komme bald an eine gefährliche Stelle.

☐ Fahrrad schieben!

☐ Ich muß den Radweg benutzen.

☐ Radfahrer absteigen!

Wasser muß gereinigt werden ☞ 76

1. Schreibe auf, wer Wasser verbraucht, wie es genutzt wird und welchen Schmutz es aufnimmt.

Verbraucher	Nutzung	Schmutz
Industrie		
	Waschwasser	

2. Beschreibe die Versuchsergebnisse:

grobes Sieb ________

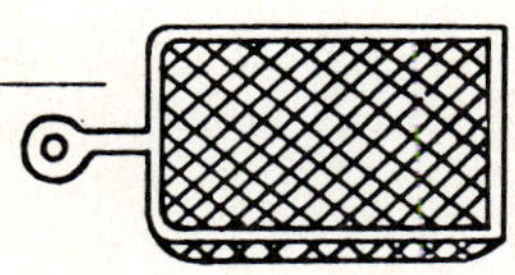

feines Sieb ________

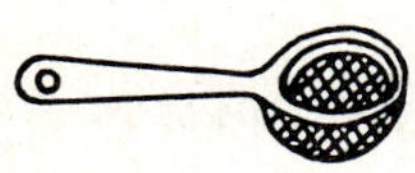

Filterpapier ________

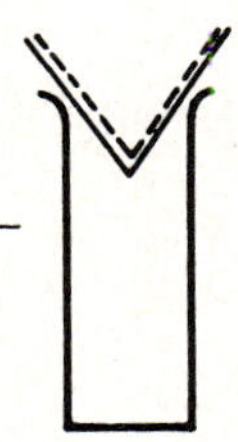

Sandfilter ________

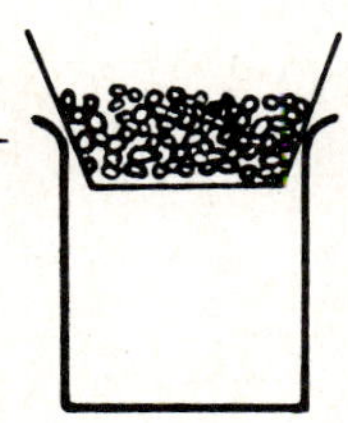

3. Fülle die Lücken mit den richtigen Wörtern:

Das Wasser aus ________ und ________ ist verschmutzt.
Man kann es nur ________, wenn es vorher ________ wird.
Läßt man Wasser aus einem Gewässer längere Zeit ________ stehen,
dann setzt sich der meiste ________ am ________ des Gefäßes ab.
(trinken, gereinigt, Flüssen, Gräben, ruhig, Boden, Schmutz)

1. Setze folgende Wörter in die Zeichnung ein:
Gasbehälter, Berieselungsbecken, Rechen, Faulturm, Belüftungsbecken, Fluß, Abwasser, Sandfang, Nachklärbecken

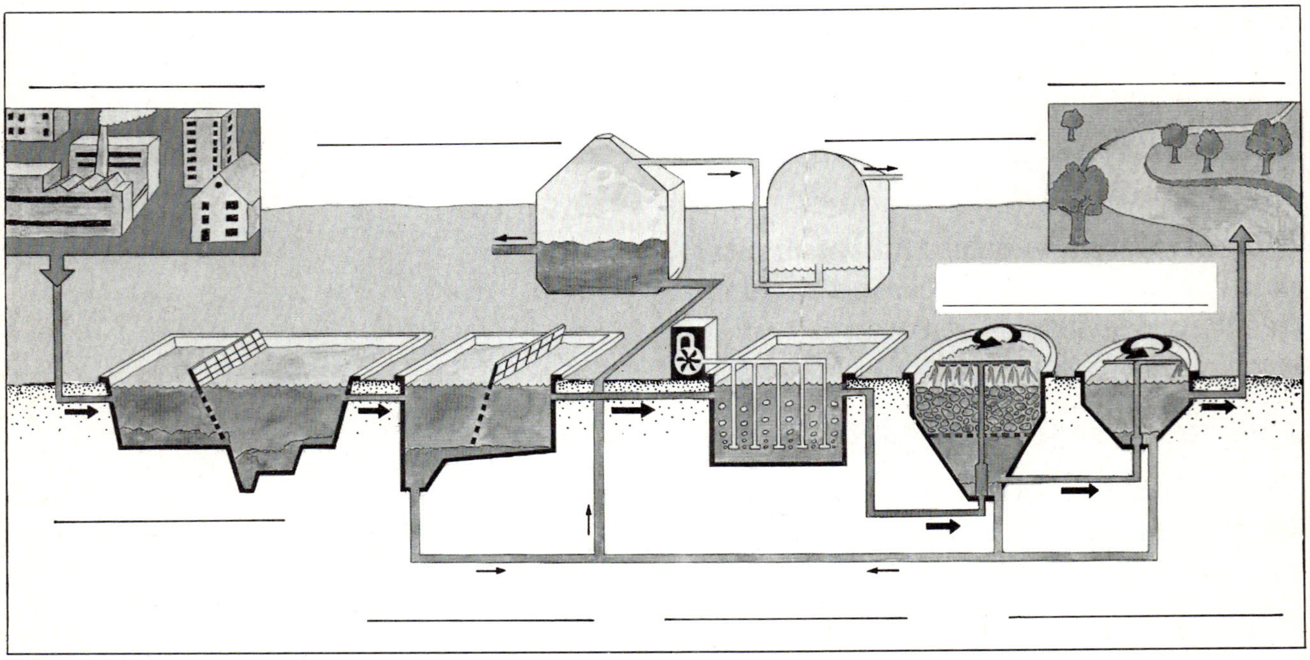

2. Sieh dir diese Zeichnung genau an und beschreibe, was mit dem Abwasser geschieht:

Rechen ______________________________

____

Sandfang ______________________________

____

____

Belüftungsbecken ______________________________

____

Berieselungsbecken ______________________________

____

Nachklärbecken ______________________________

____

3. Was geschieht im Faulturm? ______________________________

____

____

Wasser muß aufbereitet werden

Wie Flußwasser aufbereitet wird

1. Setze vor jede Bezeichnung die richtige Ziffer aus der Zeichnung ein:
☐ Pumpe, ☐ Filter, ☐ Wasserturm, ☐ Belüftung, ☐ Wasserwerk, ☐ Pumpe, ☐ Filter, ☐ Belüftungsbecken, ☐ Chlorbecken, ☐ Sickerbecken, ☐ Brunnen.

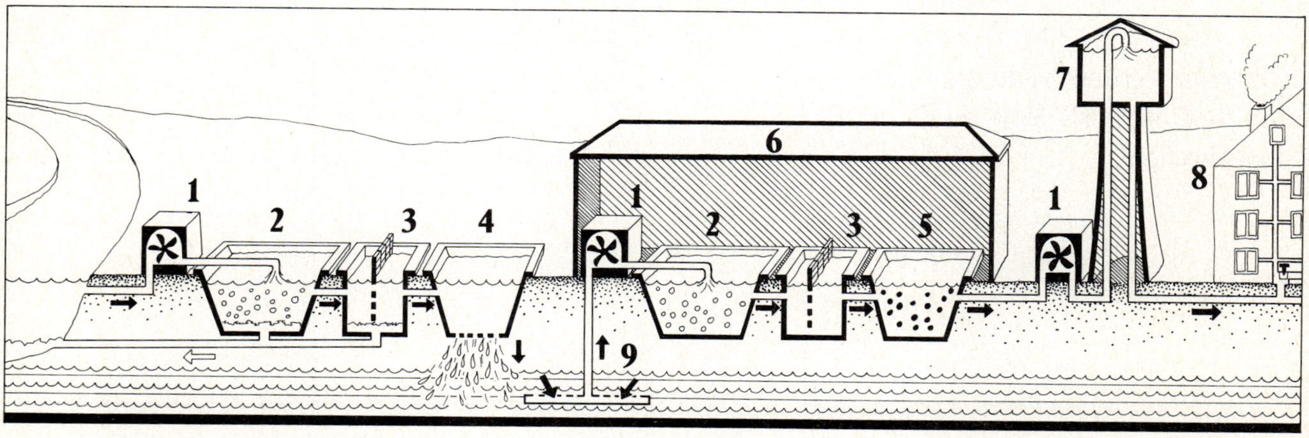

2. Male den Weg des Wassers mit blauer Farbe ein!

3. Beschreibe den Weg des Wassers vom Fluß bis zum Wasserhahn in der Küche:

____

____

____

____

____

____

____

Wie Grundwasser aufbereitet wird

4. Beschreibe

____

____

____

____

____

____

1. Sortiere nach Leiter und Nichtleiter:

Eisen, Holz, Messing, Kupfer,
Plastik, Glas, Kohle, Pappe, Porzellan,
Aluminium

Leiter	Nichtleiter

2. Warum werden Leitungen mit Kunststoff isoliert? Warum nicht mit Glasröhrchen?

3. Zeichne die Kabel ein!

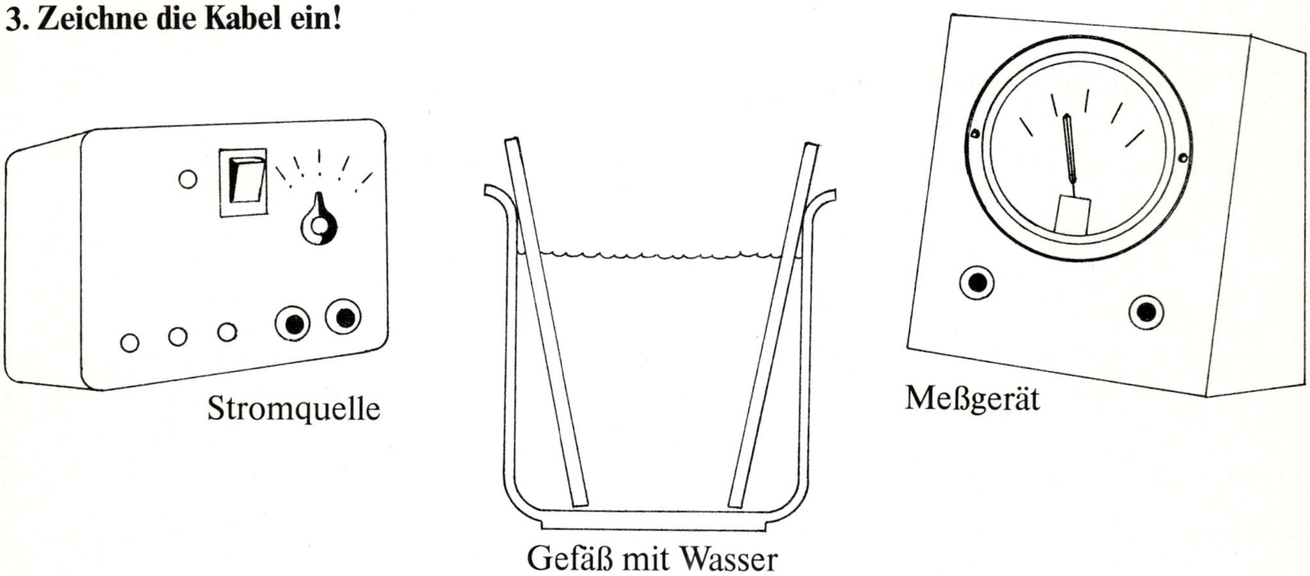

4. Beschreibe den Versuch!

Wärme breitet sich aus 82–84

1. Vergleiche Versuch I und Versuch II (S. 82)

Die Wärme dringt durch die ________________ und die ________________.

Beim Versuch I dringt die Wärme ________________ durch die ________________ als beim Versuch II.

Zwischen den beiden ________________ und den

beiden ________________ im Versuch II ist ________________.

Diese ________________ leitet die Wärme schlecht.

Glasplatten schneller Steinplatten Luft Stoffe Glasplatten Steinplatten Luft

2. Vervollständige die Zeichnung (S. 82)

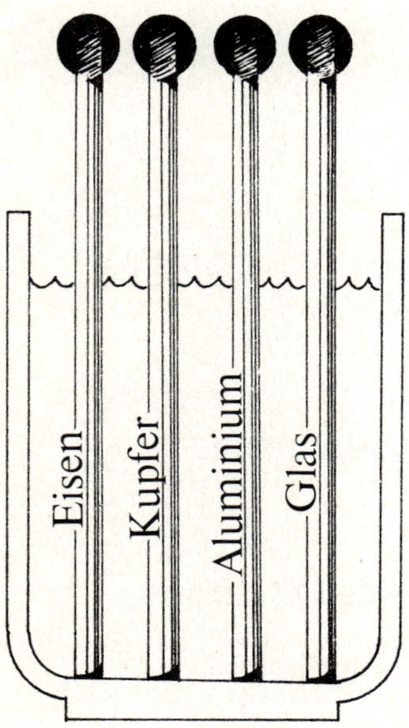

Die Stäbe sind aus:

________________, ________________

________________, ________________

Das Wasser im Glas wird erhitzt.
In welcher Reihenfolge fallen die Wachskügelchen herab?

① ________________

② ________________

③ ________________

④ ________________

3. Wie kann man den Verlust von Wärme verhindern?
Nenne Isolierstoffe!

W ________________ H ________________

F ________________ J ________________

K ________________ Sch ________________

G ________________ A ________________

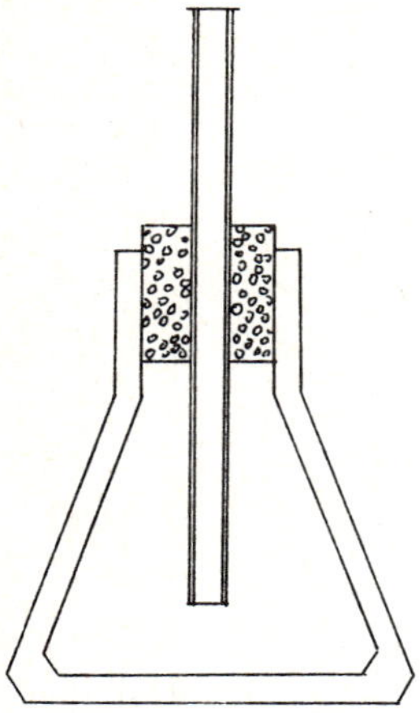

1. Zeichne ein, wie hoch das Wasser im Rohr steht.

Jetzt nimm den Kolben fest in beide Hände und beobachte das Wasser.
Du siehst, daß das Wasser im Rohr steigt.

Erkläre:

Wasser dehnt sich bei

____

aus.

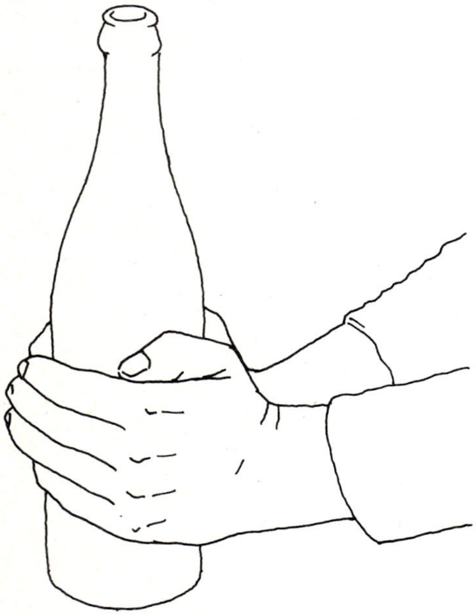

2. Was hast du bei diesem Versuch beobachtet?

Schreibe eine Erklärung auf:

____

____

____

____

Gase _______________ sich bei Erwärmung aus.

Gase _______________ sich bei Abkühlung zusammen.

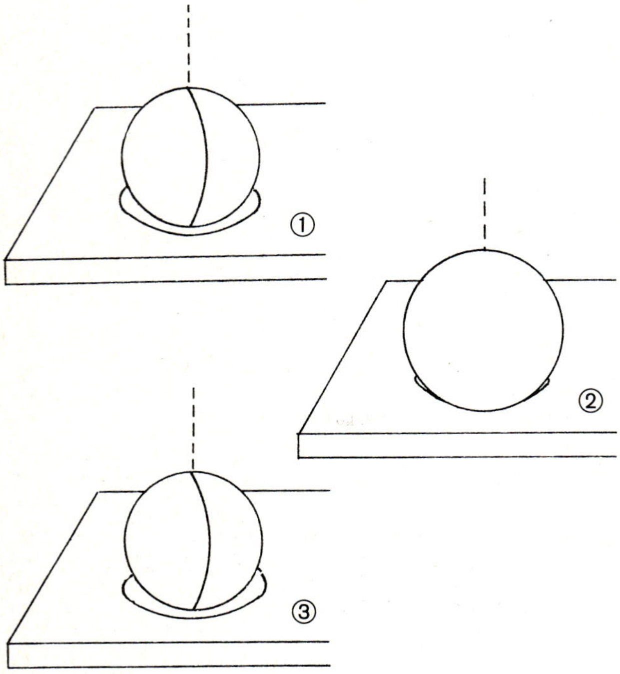

3. Beschreibe den Versuch:

① Die kalte Kugel _______________________ durch das Loch;

② Die warme Kugel _______________________ durch das Loch;

Sie hat sich bei der Erwärmung

____________________.

③ Wenn sie wieder ______________ geworden ist, ________________ sie durch das Loch.

Kälte verändert Wasser

☞ 86, 87

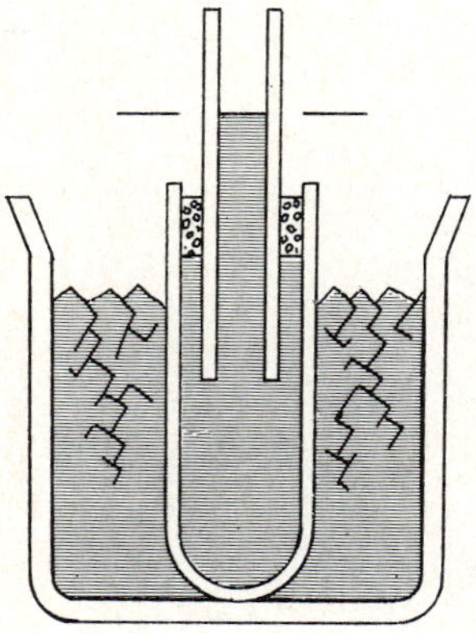

In einem Becherglas mit einer Kältemischung (Eis mit Salz) steht ein Reagenzglas mit Wasser. Der Wasserstand wird markiert und beobachtet.

1. Beschreibe die Beobachtung: ______________________

____

____

2. Bilde drei Sätze:

Wenn Wasser (abkühlt, erwärmt wird, gefriert) – (zieht es sich zusammen, dehnt es sich aus?)

____

____

____

Schutz vor Frost

3. Beschreibe:

Gegenstand:	Schutz:
Autokühler	
Wasserrohr	
Heizung	

4. Beschreibe, wie Frostaufbrüche entstehen:

		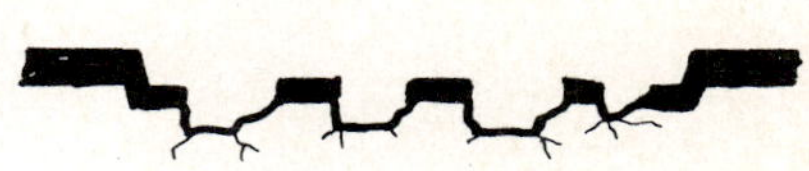
Die Straße hat kleine Risse. Das Regenwasser ...	Wenn es friert	

Luftdruck

☞ 88, 89

Otto von Guerickes Versuch mit den „Magdeburger Halbkugeln“:
1. Ergänze die fehlenden Wörter.

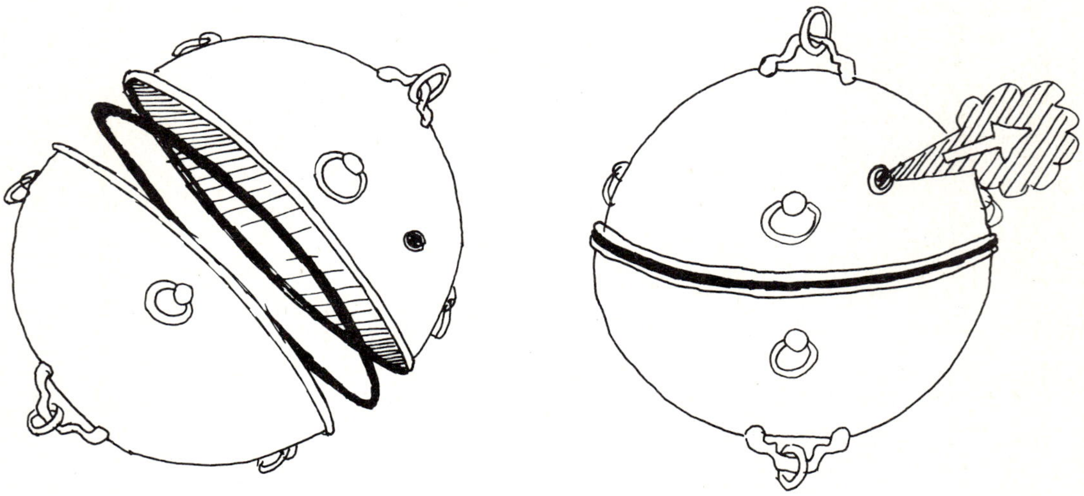

Der Versuch wird mit zwei Halbkugeln durchgeführt, die ________________ sind.

Die ______________ werden aneinandergehalten und die ________________ aus ihnen ____________________.
Es entsteht ein luftleerer Raum.

Pferde Halbkugeln Pferde

Jetzt werden die Halbkugeln durch den ______________ so fest ________________, daß sogar Pferde sie nicht auseinanderreißen können.

aneinandergepreßt	hohl	Luftdruck	Halbkugeln	herausgepumpt	Luft

1. Erkläre die Funktion der Luftpumpe.

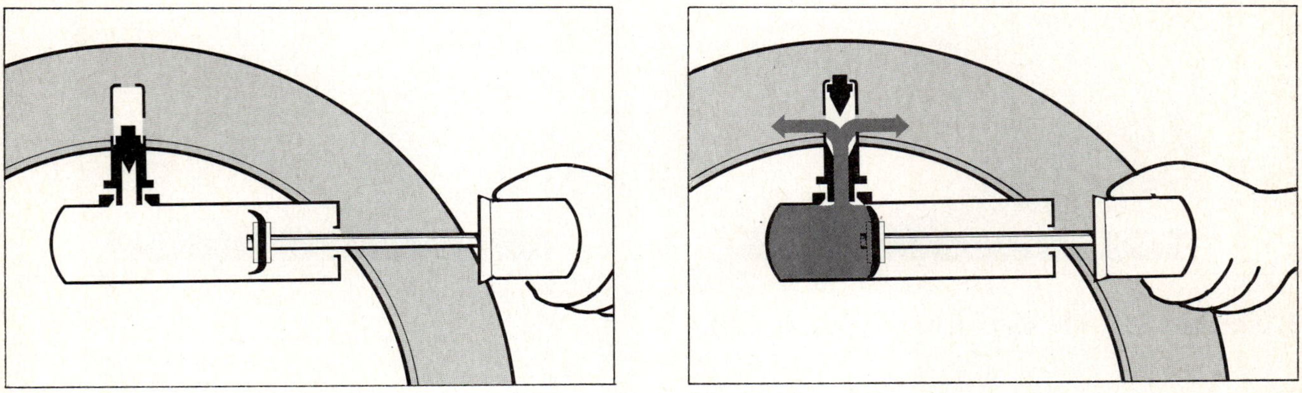

____

____

____

____

____

____

2. Ergänze den Text!

Vakuumverpackung:

Empfindliche Waren werden ______________ . Sie ______________ dann nicht so schnell und verlieren nicht den ______________ . Aus einer Vakuumverpackung ist die ______________ herausgepumpt. Wenn ein ______________ in die Packung geschnitten wird, dringt ______________ ein. Die Ware wird ______________ . Man muß die Ware jetzt schnell ______________ , sonst ______________ sie.

vakuumverpackt, Loch, verbrauchen, Luft, verderben, Geruch, weich, verdirbt

3. Nenne Waren, die vakuumverpackt sind:

____

____

____

____

Reflexion des Lichtes ☞ 92, 93

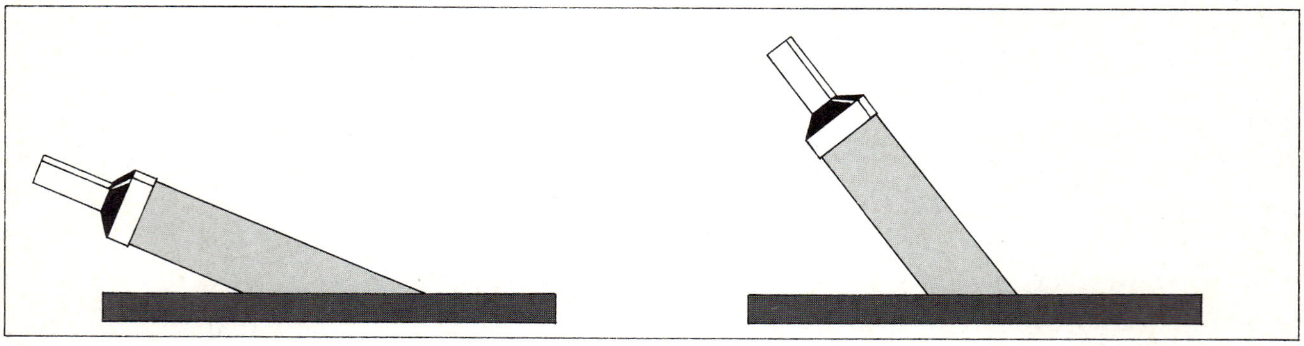

1. Zeichne ein, wie das Licht reflektiert wird.

2. Welche Lichtquellen kennst du?

____

____

____

____

3. Unterstreiche die Lichtquellen, die nur leuchten, wenn sie angeleuchtet werden!

4. Wie reflektieren die Oberflächen das Licht? (S. 93)

	gut	mittel	schlecht
Spiegel			
Glanzpapier			
schwarze Pappe			
graue Pappe			
Schreibpapier			

5. Setze ein:

Spiegel, glatte, helle, rauhe, dunkle, gefährlich, besser, helle

__________ und __________ Oberflächen reflektieren das Licht besser als __________ und __________ Oberflächen. Am besten reflektiert ein __________ das Licht. Im Straßenverkehr ist __________ Kleidung __________, weil sie __________ das Licht reflektiert, wenn sie angestrahlt wird. Dunkle Kleidung ist __________.

So erfahren wir etwas über Lebewesen ☞ 94, 95

Die Bilder im Arbeitsbuch zeigen Tätigkeiten, wie man über die lebendige Natur Erfahrungen sammeln kann.

1. Ergänze die fehlenden Buchstaben.
In den eingerahmten Kästchen findest du das Lösungswort.

								B		T	R		C	H	T		
		V		R	G				C	H		N					
									R	D			N				
				A	B	M	A										
						B			B		C	H					
				P	F				E								
A	U	F					E			E	N						
							L		S								

2. Trage das Lösungswort ein.

heißt die Wissenschaft von der lebendigen Natur.

3. Welche Geräte braucht man?

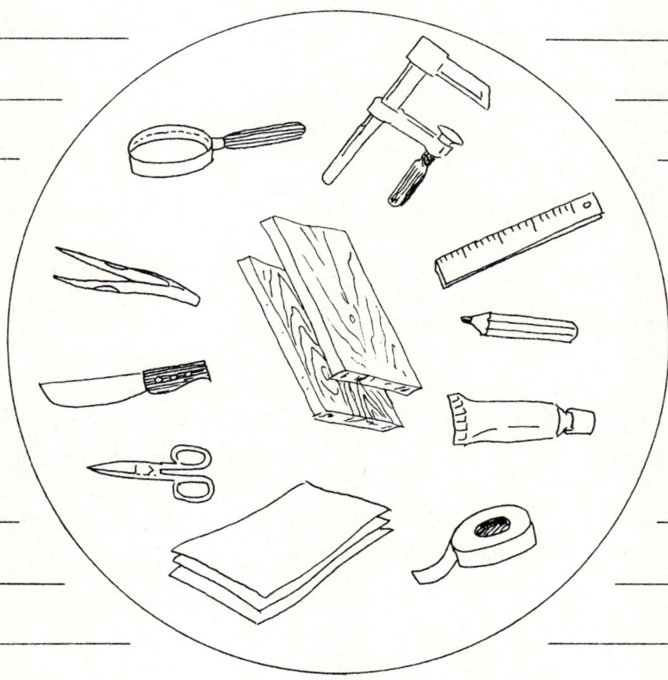

4. Schreibe weitere Arbeitsmittel auf.

Für eine Pflanzenausstellung:

Zum Notieren:

Bei der Pflanzenpflege: Blumentöpfe

Zum Abmalen:

Wenn du ganz genau betrachten willst: M

1. Welche Haustiere kannst du auf dem Bild auf den Seiten 96 und 97 erkennen? Trage ein:

Pf__________ Schw__________ K__________ H__________

2. Schreibe weitere Haustiere auf, die du kennst:

____

____

3. Diese Tiere leben auf Wiesen und Feldern als **Wildtiere:**
Schnecke, Rebhuhn, Wespe, Fasan, Hase, Maus, Hamster, . . .

Nenne weitere: ____

____

4. Ordne:

Säugetiere	Vögel	Andere Tiere

5. Pflanzen auf Wiesen und Feldern
Setze die Wortteile zusammen.

Löwen-	blume
Gänse-	gen
Wei-	zen
Ha-	zahn
Korn-	ste
Ger-	blümchen
Rog-	stel
Kamil-	fer
Klatsch-	le
Di-	mohn

6. Sammle einige der Pflanzen und trockne sie in einer Presse.

Wenn du sie aufklebst und sauber den Namen dazuschreibst, bekommst du ein hübsches Herbarium (Pflanzensammlung).

7. Du kannst viele Pflanzen nach der Blütenfarbe bestimmen.

rot: ______________________

gelb: ______________________

weiß: ______________________

blau: ______________________

Getreide

☞ 98–101

1. Zeichne die Getreidearten ein.
Male bunt und schreibe die Namen dazu.

______	______
______	______

2. Das wird alles aus Getreide hergestellt.
Male die Nahrungsmittel oder klebe Bilder aus Prospekten ein.

Mehl	Brot
______	______

Stärkenachweis
3. Führt gemeinsam bei folgenden Nahrungsmitteln die Jodprobe durch.

Nahrungsmittel	enthält Stärke? (ja/nein)	Bemerkungen:
Kartoffelmehl		
Weizenmehl		
Puddingpulver		
Zucker		
Salz		
Apfel		
Banane		
Bohnensamen		

Vom Leben im Wald

☞ 102, 103

Im folgenden Kasten findest du die Namen vieler Tiere des Waldes:

Ameise, Borkenkäfer, Buchfink, Drossel, Eichhörnchen, Fuchs, Hase, Hirsch, Igel, Iltis, Kaninchen, Kleiber, Kohlmeise, Kuckuck, Maikäfer, Marder, Maus, Regenwurm, Reh, Rotkehlchen, Schnecke, Specht, Spinne, Waldkauz, Wildschwein.

1. Unterstreiche die Namen der Tiere, die du auf den Seiten 102, 104 und 105 findest.

2. Ordne die Tiernamen aus dem Kasten in die Tabelle ein.

Säugetiere	Vögel	andere Tiere

3. Lege in deinem Heft eine Tabelle an.
Du kannst noch weitere Tiere des Waldes eintragen.

Auf S. 103 siehst du, wie das Leben an einem Ameisenhaufen beobachtet wird. Ameisen sind für das Zusammenleben im Wald sehr wichtig.
Ameisen leben wie Bienen als Volk zusammen.

4. Unterscheide drei Arten von Ameisen. (Vergleiche mit S. 116 des Arbeitsbuches.)

A ______________ K ______________ D ______________

Ameisen teilen die Arbeit auf:

Die Königinnen ______________________________

Die Drohnen ______________________________

Die Arbeiterinnen sorgen für Baumaterial und verarbeiten es. Sie bewachen ihren Bau. Sie legen sogar kleine Wege an. Sie holen Beute und füttern und pflegen die Brut. Andere reinigen die Kammern und Gänge des Bauwerks.

Ein Ameisenvolk verzehrt im Monat mehr als 1 Million Insekten. Dadurch werden viele Waldschädlinge vernichtet.

5. Versuch: Lege einige Blätter mit Blattläusen in ein Glas und gib Ameisen hinzu. Beobachte genau.

1. **Wir unterscheiden drei Arten von Wäldern. Benenne sie.**

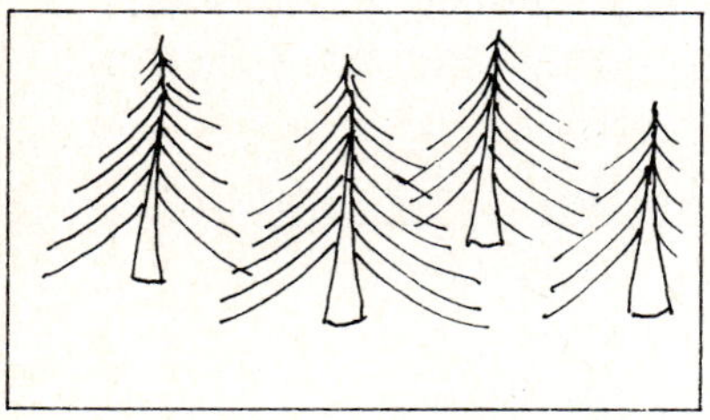

______________________ ______________________ ______________________

Suche auf dem großen Bild im Arbeitsbuch diese drei Waldarten.

In einem lockeren Mischwald lassen sich meist vier Stockwerke (Schichten) erkennen.
2. **Ordne die Pflanzen, die unten im Kasten stehen, den einzelnen Schichten zu.**

Baumschicht (viel Licht)

____

____

Strauchschicht (wenig Licht)

____

____

Krautschicht (sehr wenig Licht)

____

____

Bodenschicht (kaum/kein Licht)

____

____

Ahorn, Aronstab, Birke, Brombeere, Buche, Buschwindröschen, Eberesche, Eiche, Esche, Farn, Faulbaum, Fichte, Fingerhut, Ginster, Gras, Hasel, Heidelbeere, Himbeere, Holunder, Kastanie, Kiefer, Lärche, Linde, Maiglöckchen (siehe auch S. 115), Moos, Pappel, Pilze (siehe auch S. 107), Preißelbeere, Scharbockskraut, Schlüsselblume, Seidelbast (siehe auch S. 115), Tanne, Tollkirsche, Veilchen, Wacholder, Waldmeister

3. **Besorge Bilder von einigen Pflanzen und hänge sie in der Klasse aus. Ordne sie den einzelnen Schichten zu.**

4. **Lege ein Herbarium (Pflanzensammlung) an: Blätter von Waldpflanzen.**

Tiere im und am Wasser

☞ 108–111

Aal, Biber, Bisamratte, Bläßhuhn, Feuersalamander, Fischotter, Fischreiher, Forelle, Haubentaucher, Karpfen, Lachs, Neunauge, Ringelnatter, Stichling, Stockente, Teichfrosch, Teichmolch, Wasserratte

In dem Kasten sind Wirbeltiere genannt.

1. Welche dieser Tiere kannst du auf S. 108/109 erkennen?
Trage die Namen in folgende Tabelle ein.

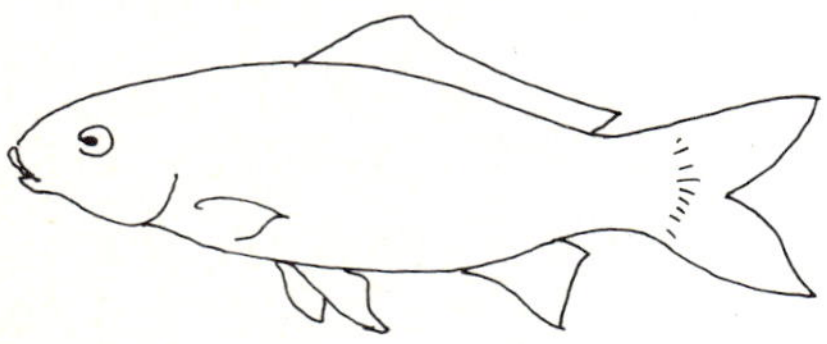	Fische: Aal
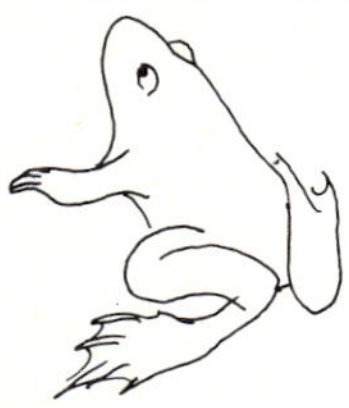	L______:
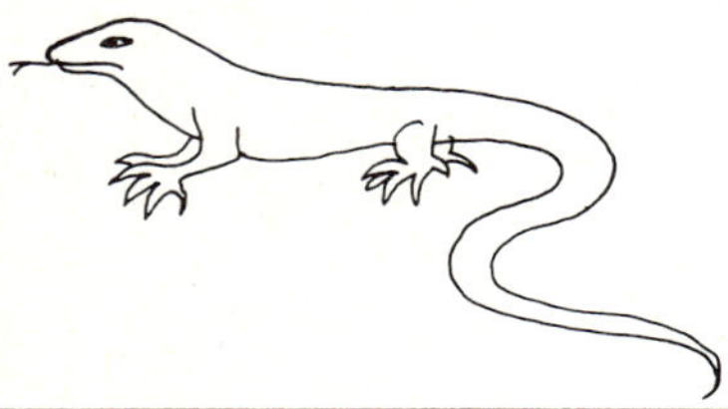	K______:
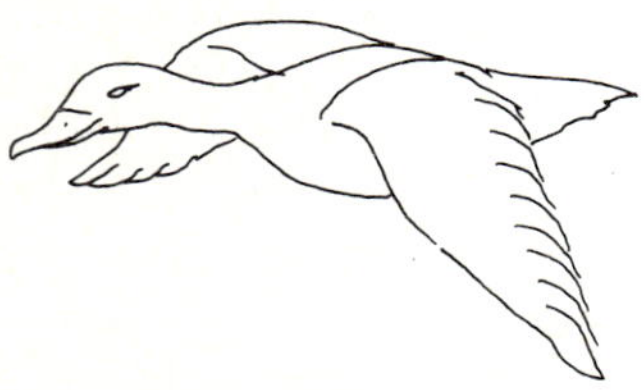	V______:
	S______:

2. Vervollständige die Sätze.

Fische haben einen Körperbau, der an das Leben im Wasser angepaßt ist.

______________________ können Fische im Wasser atmen.

Für die Bewegung sind ______________ wichtig. Fische sind besonders leicht im Wasser, weil ______________________.

Wie sich Frösche entwickeln ☞ 112

1. Male die Bilder bunt.
2. Trage eigene Beobachtungen ein. Notiere die Daten.

Beobachtungstabelle		
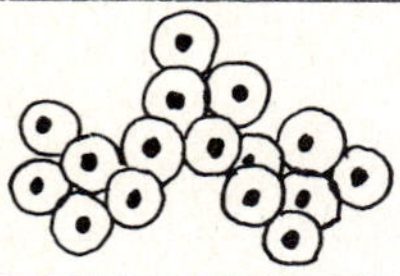	Eier des ______________ ins Aquarium eingesetzt. ______________ Datum:	
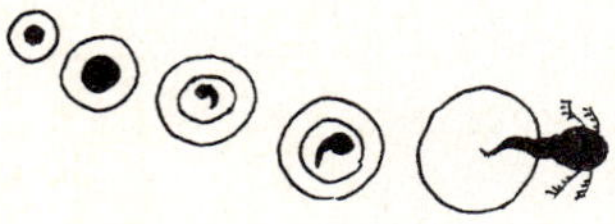	In der Hülle sitzt die junge Kaulquappe. Mit der Lupe erkenne ich ______________	
	Die Kaulquappe schwimmt im Wasser. Für jeden Beobachter bleibt nur noch eine Kaulquappe im Glas. Die anderen bringen wir zum Teich.	
	Die Kaulquappe ist dick geworden. Ich erkenne: Augen ja/nein Nasenlöcher ja/nein Mund ja/nein Hornzähne ja/nein	
Zeichne selbst ein.	Die Hinterbeine fangen an zu wachsen.	
	Die Hinterbeine sind ausgewachsen.	
Zeichne selbst ein.	Ein Vorderbein beginnt zu sprossen. Es ist das rechte/linke.	
Zeichne selbst ein.	Das andere (rechte/linke) Vorderbein entwickelt sich. Ich kann die Schwimmhäute zwischen den Zehen erkennen.	
	Der Schwanz ______________ ______________	
	Der junge Frosch kommt häufig an die Wasseroberfläche. Er atmet ______________	
	Ich setze den erwachsenen Frosch dort aus, wo ich damals die Eier geholt habe.	

Bauanleitung für einen Meisenkasten

☞ 114

Holzmaterial: 2 cm dicke, ungehobelte Bretter (Maße siehe unten), Dübelstange 12 cm lang,
Anderes Material: 20 Nägel 4 cm lang, 4 Nägel 10 cm lang, Holzleim, Holzschutzfarbe,
Werkzeuge: Bohrer, Lochsäge, Schraubzwingen, Hammer, . . .

____

____

Trage alle Werkzeuge ein, die du wahrscheinlich brauchst.
Schau dazu die Bilder im Arbeitsbuch an.

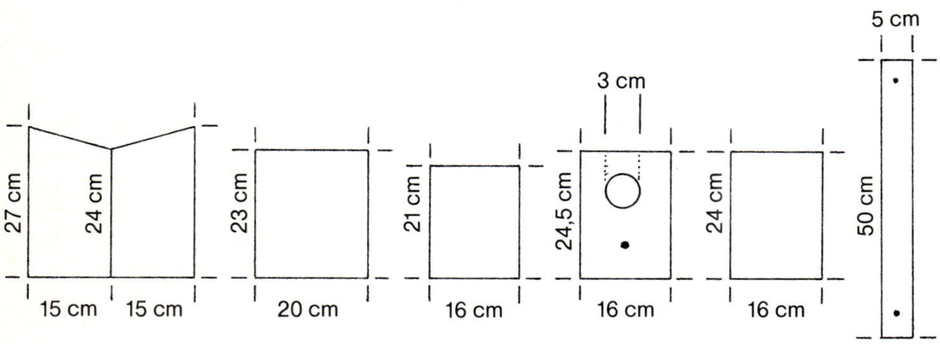

2 Seitenbretter | Dachbrett | Bodenbrett | Vorderbrett | Rückbrett | Befestigungsbrett

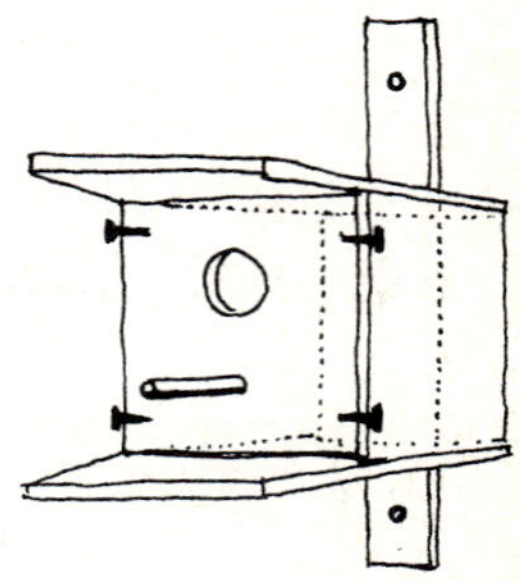

Arbeitsschritte:

1. Zeichne mit Bleistift die einzelnen Holzteile nach den Maßen auf die Bretter.
2. Säge die Teile aus. (Vielleicht sägt sie der Lehrer mit der Kreissäge aus. Dann könnt ihr gleich mehrere Kästen anfertigen.)
3. Setze den Kasten ohne Leim zur Probe zusammen (Reihenfolge: Bodenbrett, Rückwand, Seitenwände, Dach).
4. Markiere mit Bleistift die Nagelstellen.
5. Schlage die Nägel in jedes Brett ein, bis die Spitzen eben herausschauen.
6. Streiche die zu verbindenden Teile mit Leim ein (beidseitig). Achtung: Das Vorderbrett wird nicht eingeleimt.
7. Füge die Teile zusammen. Schlage die Nägel ganz ein. Presse die Teile mit Schraubzwingen fest aneinander.
8. Säge mit der Lochsäge das Einflugloch ins Vorderbrett. Setze die Dübelstange am Einflugloch ein.
9. Setze die Vorderwand ein. Sie muß locker einzufügen sein. (Feile etwas nach.) Bohre von den Seitenwänden her 8 cm tiefe Löcher (siehe Zeichnung). Schlage die langen Nägel in die Löcher. Die Köpfe müssen überstehen, damit du sie zum Reinigen des Kastens leicht herausziehen kannst (siehe Arbeitsbuch S. 103 unten).
10. Bringe das Befestigungsbrett hinten an.
11. Streiche den ganzen Kasten außen zweimal mit Holzschutzfarbe an.
12. Du kannst das Dach auch zusätzlich mit Dachpappe schützen.

Bienen ☞ 116, 117

1. Besorge beim Imker tote Bienen, und untersuche sie mit der Lupe genau.

2. Trage die richtigen Ziffern ein:

- ☐ Fühler
- ☐ Augen
- ☐ Mundwerkzeuge
- ☐ Vorderbeine
- ☐ Hinterbeine
- ☐ Flügel
- ☐ Stachel
- ☐ Ringe

3. Unterscheide die drei Bienenarten.

4. Bienen machen eine Entwicklung durch. (Vergleiche mit der Entwicklung der Frösche.)
Zeichne nach dem Arbeitsbuch S. 117.

Ei	Larve	Puppe	Biene

5. Wenn du im Arbeitsbuch aufmerksam liest, kannst du folgenden Lückentext ausfüllen.

Die Bienen leben als V_____ zusammen. Zu einem Bienenvolk gehören eine K___________,
ein paar hundert D__________ und sehr viele A__________. Die __________ legt Eier.
Die _____________ befruchten Eier. Die _____________ sind für alle anderen Arbeiten zuständig:
Waben b____________, Zellen s______ halten, Brut pfl______, Nektar und Pollen
s__________, Honig bilden, vor Feinden ____________, der Königin dienen.
Die Bienen ver ____________ sich durch Tänze.
Die Bienen nützen den Menschen. Sie liefern H__________ und sorgen für die
Best__________ der Obstbäume.

Knochengerüst des Menschen

☞ 119, 120

1. Male das Knochengerüst bunt an.

Schädel - rot
Wirbelsäule - blau
Schultergürtel und Beckengürtel - gelb
Arme und Beine - grün
Rippen - braun

2. Male auch die Wirbelsäule bunt aus.
Die Buchseite 120 hilft dir.

Halswirbel - hellblau
Brustwirbel - dunkelblau
Lendenwirbel - violett
Kreuzbein - schwarz
Steißbein - rosa

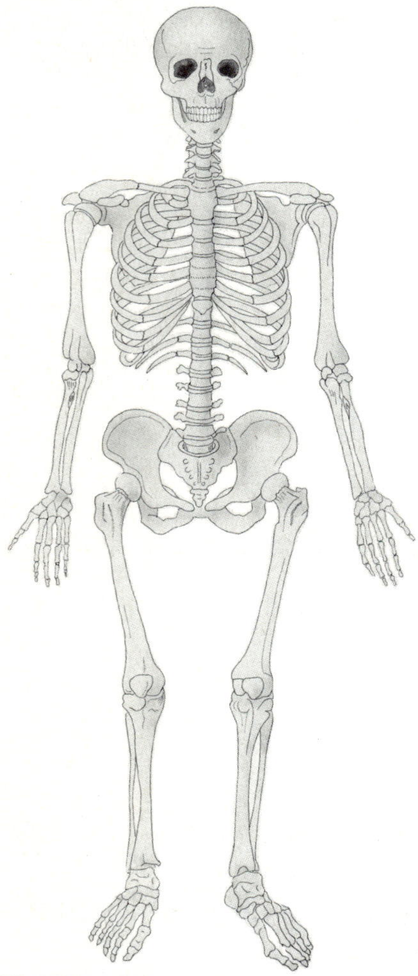

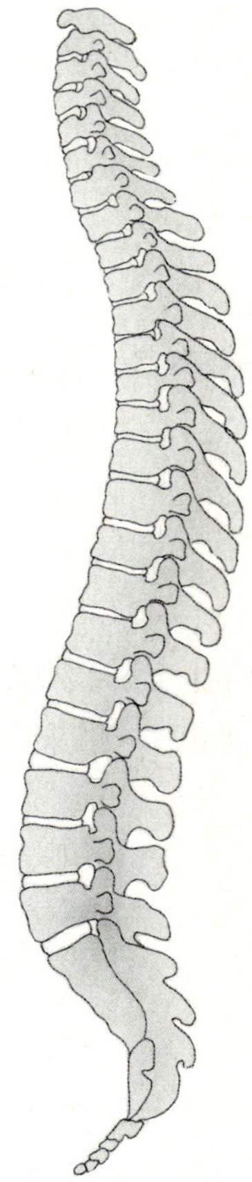

Wie heißen die Gelenke?

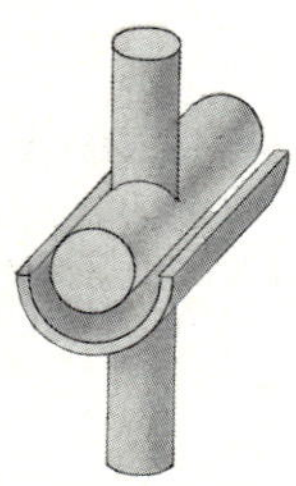

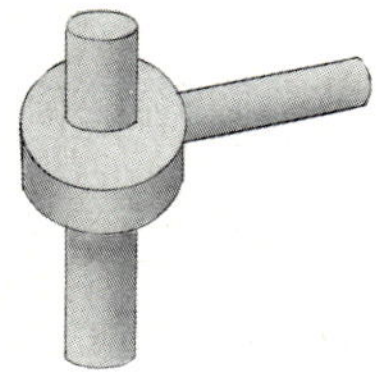

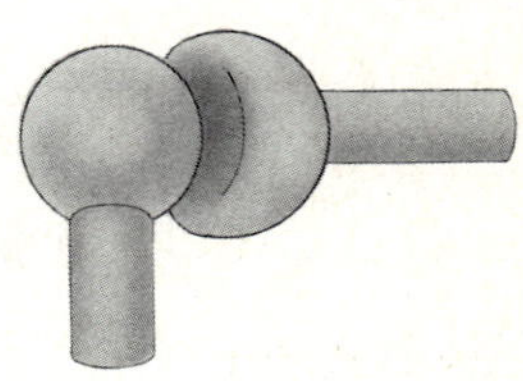

Sinnesorgane

☞ 122

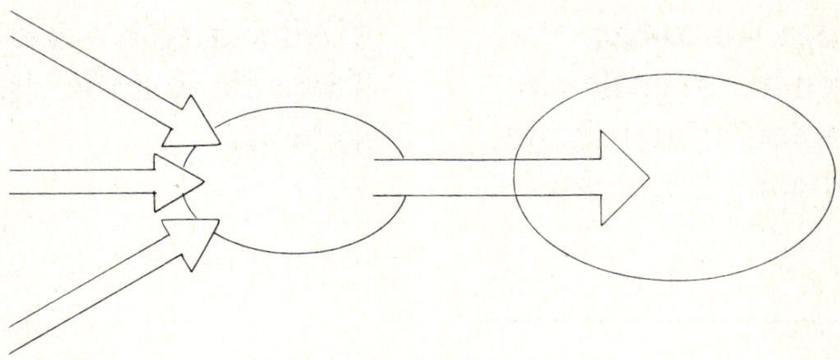

1. Trage die Begriffe (Arbeitsbuch S. 122) in die Zeichnung oben ein. Fülle den Lückentext aus.

Die Sinnesorgane geben uns I__________________ über unsere Umwelt.

Die einzelnen O______________ sammeln alle wichtigen Informationen.

Die N______________ leiten sie zum G______________ . Dort werden sie uns

be______________ .

2. Male die Organe bunt an!

3. Trage ein.

	Name des Organs	Aufgabe des Organs
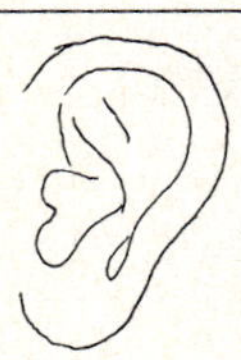	__________________	
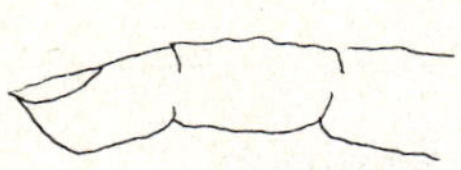	__________________	
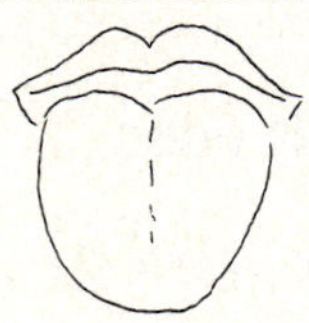	__________________	
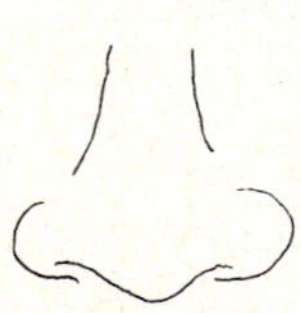	__________________	
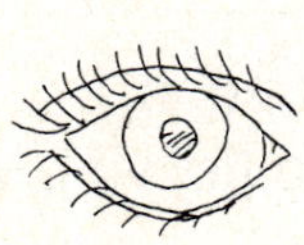	__________________	

Das Auge – Wie wir sehen

☞ *124, 125*

1. Das können wir am Auge von außen erkennen. Trage die folgenden Begriffe ein:
Oberlid, Unterlid, Augapfel, Tränenpunkt, Augenbraue, Wimpernhaare, Pupille (Sehloch)

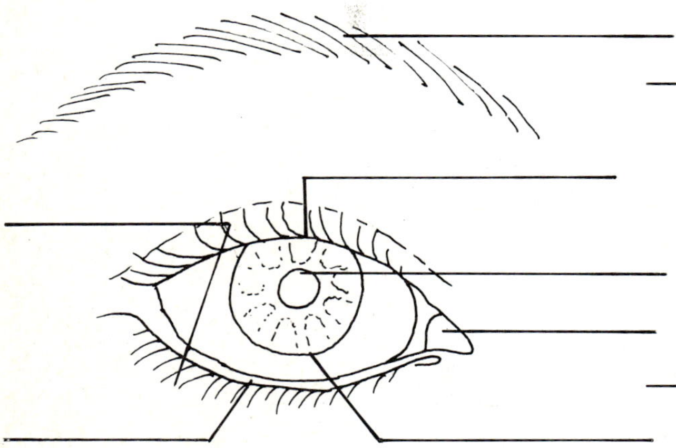

2. Male die Teile bunt an.

3. Male wie im Arbeitsbuch S. 125 bunt. Trage die Begriffe ein, die im Arbeitsbuch stehen.

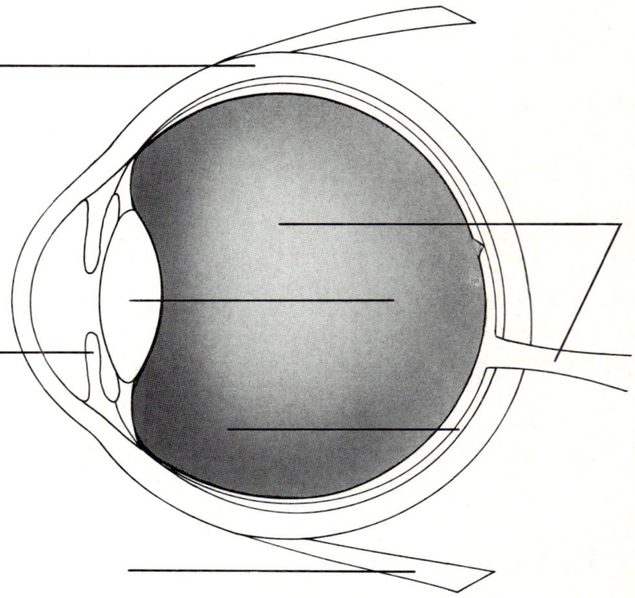

4. Fülle den Lückentext aus. (Die fehlenden Wörter stehen unten im Kasten.)

Wie wir sehen

Die L____________________ dringen durch die d______________________________ Hornhaut. Die H____________________ ist fest und sch__________________ das Innere des Auges. Die R____________________ ist ein Muskel, der die P__________________ vergrößern und v__________________ kann. Bei wenig Licht ist das Sehloch __________, bei ________ Licht ist es klein. Hinter der Pupille liegt die e__________________ Linse. Sie macht das Bild ____________, gleichgültig ob die Gegenstände nah oder __________ entfernt sind. Bei weit entfernten Gegenständen ist die Linse f________, bei n________ Gegenständen ist sie rundlich. Auf der N____________ erscheint das Bild ____________. Viele kleine Zellen nehmen die I____________________ auf. Der S________________ leitet sie zum G____________.

> Netzhaut, umgekehrt, Gehirn, nahen, Sehnerv, durchsichtige, Lichtstrahlen, Hornhaut, verkleinern, schützt, Regenbogenhaut, groß, elastische, Pupille, viel, scharf, weit, flach, Informationen